Jalousie : quand l'amour devient prison

Jalousie : quand l'amour devient prison

Véronique Lopez

© 2024 Véronique Lopez
Édition : BoD – Books on Demand, info@bod.fr
Impression : BoD – Books on Demand, In de Tarpen 42, Nor-
derstedt (Allemagne)
Impression à la demande
Illustration : par l'auteur

ISBN : 978-2-3225-2389-4
Dépôt légal : Mars 2024

"Comme jaloux je souffre quatre fois : d'être exclu, d'être agressif, d'être fou et d'être commun."

Roland Barthes

SOMMAIRE

AVANT-PROPOS

« Oh ! Attention, monseigneur, à la jalousie ; c'est le monstre aux yeux verts qui tourmente la proie dont il se nourrit. »

Cette fameuse tirade de Shakespeare dans Othello en dit long sur la réputation destructrice de la jalousie, muse tragique s'il en est. Mais au-delà du dramaturge anglais, nombre de mes patients vivent au quotidien les affres de cette émotion envahissante.

Je me souviens notamment de David*, brillant directeur commercial qui avait pourtant une estime de lui catastrophique. Ses collègues recevaient régulièrement des éloges pour leurs performances et leurs talents de négociateurs. Mais chaque compliment adressé à l'un de ses pairs était vécu comme un coup de poignard par David. Incapable de se réjouir des réussites des autres, il vivait dans l'amertume et dans le dénigrement constant.

Ou encore Estelle, jeune maman qui ne supportait plus les crises de jalousie maladive de son conjoint Paul. Chaque discussion avec un autre homme était surveillée, interprétée. Estelle devait sans cesse rassurer Paul, prouver son amour, alimenter les preuves de sa fidélité. Épuisée nerveusement, elle était venue me voir car elle sentait son couple s'asphyxier.

Au fil des consultations avec David, Estelle et beaucoup d'autres, j'ai pris conscience à quel point la jalousie pouvait littéralement empoisonner une vie. J'espère que ce livre permettra de mieux comprendre les racines de ce sentiment amer, mais aussi de trouver des solutions pour cultiver des relations plus sereines.

---

* tous les prénoms de ce livre ont été modifiés

INTRODUCTION

Qui n'a jamais ressenti ce pincement au cœur en voyant son partenaire rire avec quelqu'un d'autre ? Cette bouffée de chaleur à l'idée qu'il puisse nous préférer une autre personne ? Ou encore, cette rage sourde lorsqu'un collègue obtient une promotion qui nous était destinée, selon nous ? La jalousie est un sentiment profondément humain, que la plupart d'entre nous avons éprouvé, et je dis bien "nous", car il a aussi déchiré mon coeur plus d'une fois !

Au cours de ma carrière de thérapeute, j'ai reçu de nombreux patients rongés par cette émotion si destructrice. Certains ne supportaient plus les scènes de leur conjoint jaloux, d'autres ruminaient sans cesse leur amertume face aux succès des collègues. Tous avaient en commun la souffrance, parfois même la honte, de subir cette émotion envahissante.

Pourtant, il ne s'agit pas d'une tare ou d'une faiblesse personnelle ! La jalousie est inscrite dans nos gènes pour assurer protection et reproduction. D'un point de vue évolutionniste, elle a permis à nos ancêtres de sécuriser leur descendance en éloignant les rivaux. Chez les mâles, elle visait à s'assurer une exclusivité reproductive. Chez les femelles, elle garantissait les ressources pour élever les petits. Même si nous avons évolué, ces réflexes archaïques persistent dans nos cerveaux. Mais à trop haute dose, elle peut littéralement gâcher nos relations aux autres, et empoisonner l'estime que nous nous portons. C'est pourquoi il m'a semblé essentiel de consacrer un livre entier à cette question.

J'aborderai tour à tour les différentes causes de la jalousie, qu'elles soient psychologiques, relationnelles, sociales, ou même issues de traumatismes passés. Nous verrons que la jalousie ne se manifeste pas de la même façon selon les personnalités et selon les situations - un manager envieux du succès d'un collègue n'éprouve pas le même type de jalousie qu'une épouse trompée, par exemple.

Nous explorerons également des études de cas pour comprendre de l'intérieur comment se construit et se développe cette émotion si vorace. Car comprendre les racines et mécanismes de la jalousie, c'est pouvoir commencer à apaiser ses feux dévorants.

Enfin, je proposerai, dans la dernière partie de ce livre, des pistes thérapeutiques et des conseils concrets pour mieux contrôler la jalousie et, surtout, pour ne pas la laisser détruire les relations, qu'elles soient amoureuses, amicales, familiales ou professionnelles. Quant aux personnes qui la subissent, elles trouveront aussi des conseils pour y faire face, sans pour autant avoir l'impression de devoir se plier à ses exigences.

Grâce à cet ouvrage, j'espère déculpabiliser les jaloux : cette émotion si universelle et contagieuse n'est pas une fatalité. Il est possible, avec du temps et de l'empathie, d'en comprendre les ressorts et d'apaiser ses tourments.

UNE ÉMOTION UNIVERSELLE

Si la jalousie est une émotion répandue que beaucoup ont éprouvée, elle puise ses fondements dans un héritage encore plus primordial : notre animalité originelle elle-même.

Selon certains psychanalystes, la jalousie traduirait la persistance en nous de réflexes animaux primitifs. Nos cerveaux archaïques interpréteraient toute menace sur nos relations de couple comme un danger pour notre reproduction et notre survie. D'où des réactions épidermiques pour protéger notre partenaire de tout rival imaginé.

Mais des approches plus modernes y voient également l'expression de traumatismes narcissiques, lorsque notre estime personnelle se trouve entamée par la crainte de perdre celle ou celui que l'on aime. Entre blessures intimes et peurs primales, elle plonge ainsi aux tréfonds de la psyché humaine.

Attardons-nous sur ces différents niveaux d'analyse d'un sentiment qui nous ramène à l'essence de notre humanité.

LA JALOUSIE, UN INSTINCT ANIMAL ?

Au-delà d'une explication par la seule psychanalyse, certaines théories évolutionnistes estiment que la jalousie traduirait la persistance en nous de réflexes animaux primitifs.

En effet, dans le monde animal, la défense agressive de son territoire, et la protection jalouse de son partenaire sont indispensables pour assurer sa reproduction et la survie de l'espèce.

Chez de nombreux mammifères, le mâle dominant cherche à éloigner tout rival pouvant lui disputer les faveurs de "ses femelles" et risquer de se reproduire à sa place. Cette jalousie animale vise donc à maximiser ses chances de transmettre son patrimoine génétique (Buss et al., 1992).

À l'inverse, la femme craint surtout que l'engouement de son conjoint pour une maîtresse ne le conduise à délaisser sa famille légitime, la privant des ressources nécessaires pour élever ses enfants. Sa jalousie relève donc davantage de la possessivité affective et matérielle. Cette théorie s'inscrit dans une perspective évolutionniste : les femmes recherchant instinctivement un partenaire capable d'assurer la protection et les ressources pour élever sa progéniture, la crainte est grande qu'une rivale plus jeune, fertile ou socialement avantageuse ne le séduise avec une meilleure "offre reproductive".

D'où la jalousie de nombreuses femmes d'un certain âge à l'égard de collègues ou amies plus jeunes tournant autour de leur conjoint. Inconsciemment, elles se savent moins "compétitives" en termes de potentiel maternel, et craignent d'être délaissées par leur compagnon.

Cette jalousie vis-à-vis des rivales fertiles traduit la peur archaïque de se retrouver seule à devoir assumer l'éducation des enfants, risquant de compromettre alors leur survie même.

Côté enfants, la jalousie du cadet envers l'aîné traduirait la crainte ancestrale de se voir privé de ressources parentales cruciales à sa survie (Sulloway, 1996).

Ainsi, malgré nos habillages sociétaux, nos accès de jalousie exprimeraient des peurs primaires profondément ancrées : perte de partenaire, d'exclusivité génétique ou de provisions pour assurer le futur de sa progéniture.

Certes, cette approche ne saurait à elle seule résumer toute la complexité des enjeux psychiques humains. Mais elle met en lumière une possible racine animale à ce sentiment si universel.

L'ÉCLAIRAGE DE LA PSYCHANALYSE

Si l'approche évolutionniste replace nos élans de jalousie dans une forme de déterminisme darwinien, la psychanalyse propose un tout autre niveau de lecture, davantage centré sur la complexité de l'intériorité humaine.

Selon cette perspective, la jalousie ne serait pas tant l'expression de réflexes instinctifs hérités, que la manifestation de blessures narcissiques, propres à l'histoire du sujet. Plutôt que des circuits neuronaux primaires issus de notre animalité, ce serait dans les méandres de l'inconscient, forgé pendant l'enfance, qu'il faudrait chercher l'origine des tourments jaloux.

Intéressons-nous aux éclairages offerts par Sigmund Freud et ses successeurs sur la genèse d'un sentiment qui révèle les failles secrètes de l'âme humaine.

Le psychiatre André Green analysait la jalousie comme la manifestation d'un narcissisme malade, incapable de supporter le constat de ses propres manques. Plutôt que de remettre en question leur toute-puissance illusoire, ces personnalités préfèrent annihiler celles des autres.

D'après Jacques Lacan, la jalousie trahit la difficulté à accepter le désir de l'autre. Jalouser, c'est refuser à l'être aimé le droit d'exister en dehors de soi et de sa volonté propre. Cette emprise traduit un ego fragile, qui ne supporte pas la moindre distance ou absence réelles ou fantasmées.

Ainsi, la psychanalyse fait de la jalousie la conséquence d'un narcissisme malade, inapte à accepter sa propre vulnérabilité et son manque constitutif. Incapable de faire face à la moindre remise en question de son narcissisme sur-dimensionné, le jaloux préfèrera alors éradiquer toute velléité de réussite ou de talent chez autrui, vecteurs d'une menace intolérable sur ses propres insuffisances soigneusement dissimulées.

Derrière le comportement du jaloux se cache ce que les psys appellent un Moi fragilisé, habité par un profond sentiment de manque, de vide, qu'aucun amour extorqué à l'autre ne pourra jamais combler.

Cette faille interne, cette brèche narcissique, proviendrait selon la psychanalyse d'un traumatisme précoce lors de la petite enfance. Par exemple, un sevrage trop brutal des soins maternels entraînerait une incapacité à supporter la moindre frustration ou absence.

Plus tard, cette blessure originelle, non-cicatrisée, conduira l'adulte à des attitudes de manipulation et de chantage affectif pour s'assurer un amour inconditionnel. La jalousie pathologique traduit ce besoin maladif de maîtriser l'autre, pour ne pas revivre l'effroi fantasmatique de l'abandon maternel.

On le voit, la psychanalyse rattache donc les racines de la jalousie aux aléas de nos infantiles blessés. Selon cette perspective, le travail thérapeutique consistera à résoudre ces nœuds psychiques du passé pour apaiser la turbulence émotionnelle du présent.

Je me souviens de Martin, un patient d'une trentaine d'année, qui souffrait de crises de jalousie aiguës depuis l'adolescence, notamment envers son meilleur ami Pierre.
Lors de nos séances d'analyse, Martin a progressivement fait le lien entre la rage qu'il éprouvait à chaque réussite de Pierre, et le traumatisme de son enfance. Fils unique choyé pendant sept ans, il a très mal vécu l'arrivée de sa petite sœur Léa. Du jour au lendemain, il n'était plus le roi de la maison et le centre d'intérêt exclusif de ses parents. Martin comprit alors que cette douleur de la "détrônisation", qu'il avait refoulée, resurgissait violemment lorsque son ami connaissait des accomplissements dont lui se sentait indigne. Sa jalousie traduisait ce vide affectif

primal face à l'irruption d'un tiers venant rompre un lien fusionnel.

Grâce à ce travail d'introspection psychanalytique, Martin parvint peu à peu à apaiser ses accès de jalousie envers Pierre. En revisitant le traumatisme refoulé de son enfance, il réussit à résoudre ce nœud douloureux qui parasitait depuis tant d'années sa vie relationnelle.

Comme nous venons de le voir à travers cet exemple, la psychanalyse rattache les racines de la jalousie aux aléas narcissiques de la petite enfance. Derrière les tempêtes émotionnelles de l'adulte, se cachent des blessures archaïques qu'il s'agit de reconnecter.

Intéressons-nous à présent, de façon synthétique, aux différents éclairages apportés par la théorie psychanalytique sur les rouages intimes, souvent inconscients, qui sous-tendent le fonctionnement psychique du jaloux.

Les rouages de la blessure narcissique

Au-delà des définitions générales déjà évoquées, il est pertinent de synthétiser les différents éclairages psychanalytiques sur les mécanismes psychiques qui motivent l'éclosion de la jalousie.

Tout part d'une faille narcissique, d'une blessure identitaire qui remonte à l'enfance. Le psychanalyste Donald Winnicott estime que lors des premiers mois de vie, le nourrisson a un sentiment de toute-puissance du fait de la présence et de la disponibilité permanentes de la mère pour répondre à ses besoins.

Mais, petit à petit, notamment avec la période de sevrage, le bébé prend douloureusement conscience des moments d'absence de cette mère, vécus comme des micro-traumatismes d'abandon le confrontant au manque et à la frustration.

Ne parvenant pas à combler ce vide originel, à supporter l'idée de ne plus être le centre exclusif du monde, le tout-petit va alors construire ce que Lacan nomme un "moi idéal" : une image surdimensionnée de lui-même comblant par illusion ses failles narcissiques.

Derrière ce masque de fausse assurance, se dissimule une profonde fragilité identitaire. Mais, tant que les accomplissements extérieurs ne viennent pas menacer ce moi idéal de façade, l'équilibre psychique précaire est maintenu. C'est le rôle du "faux self" conceptualisé par Winnicott : compenser par la toute-puissance imaginaire l'effondrement narcissique latent.

Mais ce moi idéalisé reste fragile, constamment menacé par tout ce qui, à l'âge adulte, vient signifier que l'autre possède sans effort ce qui nous fait tant défaut. D'où la violence des attaques du sujet contre les objets de sa jalousie, inconsciente revanche sur ses propres sentiments d'impuissance.

Ne supportant pas la moindre distance ou absence qui réactiverait l'effroi de son incomplétude, le jaloux tente aussi d'exercer une emprise totale sur son "objet d'amour". Innombrables sont les stratégies de captation narcissique, pour combler par procuration ce vide que rien ne saurait emplir !

Cela peut aller de la surveillance étroite des fréquentations et activités du partenaire, à l'inquisition régulière sur ses faits et gestes. Le jaloux veille ainsi à maintenir l'autre dans une disponibilité permanente, réelle et fantasmatique, pour lui seul.

Certains vont même jusqu'à initier des confrontations avec les personnes jugées menaçantes ou trop proches de leur moitié, pour signifier le contrôle exclusif qu'ils exercent sur elle. Tout est bon pour marquer l'objet du sceau de leur propriété afin de nourrir leur ego défaillant.

D'autres exemples classiques incluent le fait de fouiller le téléphone portable, les mails ou messages privés du partenaire à son insu, pour s'assurer une transparence totalisante. Ou encore de recourir à un chantage affectif du style "Je suis tellement malheureux quand tu t'éloignes, est-ce que tu m'aimes encore ?".

Mais cet asservissement de l'autre, constitutif de la relation d'emprise étudiée par les psys, n'étant jamais pleinement atteignable, la frustration récurrente attise alors les feux dévorants de la jalousie. On retrouve ce même cercle vicieux dans la relation du sujet à lui-même, la jalousie exprimant aussi le tourment de ne jamais être à la hauteur de son idéal du moi.

Voici un schéma récapitulatif de cette spirale névrotique :

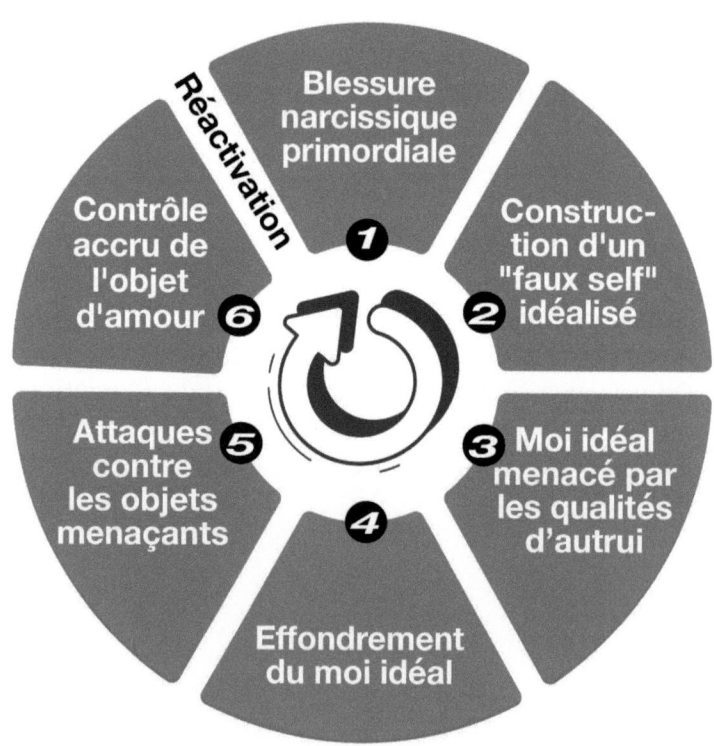

Comme vous avez pu le voir dans ce chapitre, loin d'être un concept univoque, la jalousie se révèle être une émotion complexe qui se décline sur de multiples registres.

L'approche évolutionniste replace certains de nos emportements dans le contexte de réflexes animaux archaïques qui continuent de modeler insidieusement nos affects.

La psychanalyse propose quant à elle d'explorer des causes plus spécifiquement humaines, dans les méandres de l'inconscient façonné au cours de l'enfance.

Si radicalement différentes soient-elles, ces perspectives ne sont pas incompatibles. Elles invitent simplement à concevoir la jalousie comme un phénomène aux déterminants entremêlés, entre inné et acquis.

Mais au-delà de ces influences diffuses, qu'est-ce qui, dans notre environnement, vient catalyser la transformation de la disposition jalouse en symptomatologie aigüe ? C'est ce que nous allons explorer à présent, à la lumière des facteurs déclenchants typiques qui révèlent la bête tapie en nous.

LES CATALYSEURS
DE LA JALOUSIE

La jalousie peut frapper comme la foudre, brutale et dévastatrice. Mais, le plus souvent, elle couve sous la braise de vulnérabilités bien plus insidieuses. Au fil de ma pratique, j'ai pu constater que certains facteurs psychologiques agissent comme un lit propice à l'embrasement jaloux.

L'estime de soi, tout d'abord, est un élément clé. Une personne fragile, habituée au doute et aux comparaisons dévalorisantes, perçoit dans le moindre intérêt de l'être aimé pour un tiers la "confirmation" de sa propre insignifiance.

Mais la jalousie s'enracine aussi dans ces **terreurs paniques de l'abandon**, qui habitent certains profils. Pour eux, le monde est rempli de dangers de séparation imminente, qu'il s'agit de conjurer à tout prix.

Par ailleurs, notre société hyper-compétitive exacerbe le sentiment d'insécurité et de **rivalité** permanentes. Celui qui ne progresse pas est amené à se sentir indigne, et à jalouser férocement le succès des autres.

Enfin, le **besoin de contrôle et la possessivité exacerbée**, forment un terrain propice aux débordements jaloux.

UNE ESTIME DE SOI FRAGILE

L'estime de soi est définie en psychologie comme l'évaluation globale que chacun fait de sa propre valeur. Le psychanalyste André Green analysait ce concept comme "le regard que le sujet porte sur lui-même".

Une estime de soi solide permet de faire face aux aléas de l'existence et aux échecs occasionnels sans sombrer. À l'inverse, une estime de soi fragile conduit à un profond sentiment d'insécurité intérieure, et de doutes sur ses propres capacités.

J'ai pu constater au cours de ma pratique que l'estime de soi était un facteur déterminant dans l'émergence de la jalousie.

Lorsque Juliette a commencé à me consulter, elle était au bord de la rupture avec son compagnon William. Pourtant, celui-ci faisait tout son possible pour la rassurer, et répondre à ses crises de jalousie de plus en plus fréquentes.

Cela faisait cinq ans qu'ils étaient ensemble, et avaient même un petit garçon de trois ans. Rien ne semblait menacer ce tableau idyllique... Mais depuis quelque temps, Juliette était obsédée par l'idée que William la trompait dès qu'il en avait l'occasion.

Au moindre retard, elle l'inondait de messages et d'appels en boucle. Puis le soumettait à un interrogatoire en règle une fois qu'il rentrait : « Où étais-tu ? Avec qui ? Comment s'appelle-t-elle ? Pourquoi tu n'as pas répondu à mes messages ? Je suis sûre que tu me trompes ! ».

William tentait de la rassurer, en vain. Aucune déclaration d'amour, aucun compliment ne parvenaient à la calmer, car le problème était plus profond.

En discutant avec Juliette, j'ai réalisé qu'elle avait une piètre estime d'elle-même, et était persuadée de ne pas être à la hauteur. Elle me confiait ne pas avoir fait d'études, se trouver insignifiante en société, y compris lors de soirées avec des amis. Elle était convaincue que William finirait par trouver mieux ailleurs.

Ainsi, la jalousie de Juliette s'enracinait dans le terreau d'une estime de soi défaillante. Chaque interaction anodine de William avec une autre femme corroborait ses scénarios catastrophes.

Á travers l'histoire de Juliette, on constate bien comment un manque d'estime personnelle peut générer une jalousie décuplée. Mais il serait réducteur de s'arrêter à ce simple constat.

Car l'estime de soi fragile est elle-même la résultante d'expériences douloureuses accumulées depuis l'enfance. Humiliations subies, parents dénigrants ou négligents, échecs cuisants... autant de grains de sable qui, à la longue, forment le socle d'un profond sentiment d'illégitimité.

La personne ne se sent pas autorisée à occuper une place centrale dans le cœur ou la vie de l'être aimé. Inconsciemment, elle redoute et attend même le moment où ce privilège immérité lui sera retiré.

L'estime de soi fragile renforce la jalousie dans une spirale négative auto-entretenue. En effet, plus une personne doute d'elle-même et de sa valeur, plus elle redoute que son partenaire ne la quitte pour quelqu'un de "mieux".

Or, ce soupçon permanent finit par lasser l'être aimé et l'étouffer, suscitant en lui l'envie de prendre ses distances. Et ce mouvement de retrait, aussi légitime soit-il, va confirmer dramatiquement les pires scénarios du partenaire jaloux : « Je savais bien que je finirais par le/la perdre. »

Ce cercle vicieux, où la jalousie conduit à son propre renforcement en détériorant la relation, peut s'avérer dévastateur pour l'estime de soi. Car plus la personne aimée s'éloigne, plus le jaloux doute de lui-même, de sa capacité à susciter l'attachement.

Rompre ce cycle toxique est donc indispensable en restaurant la confiance et l'affirmation de soi, pour réapprendre à tisser des liens apaisés où l'on ose croire en sa propre valeur, indépendamment du regard de l'autre.

LA HANTISE DE L'ABANDON

Selon la psychanalyse, certains profils de personnalité intériorisent durant l'enfance l'idée que les figures d'attachement ne sont pas entièrement fiables. Ils développent alors une hantise panique d'être délaissés (Winnicott, 1969). En clair, la psychanalyse accorde un rôle central au lien précoce avec les "figures d'attachement", c'est-à-dire celles, comme les parents, qui répondent aux besoins primaires du nourrisson. Si ce lien est stable et fiable, l'enfant intériorise qu'il peut leur faire confiance pour être réconforté en cas de détresse.

Mais si les réponses parentales sont aléatoires, fragiles, ou que l'enfant subit des abandons même brefs, il va alors incorporer l'idée angoissante que les autres ne sont pas entièrement fiables. Cette faille relationnelle pendant l'enfance laisse alors des séquelles.

Cette blessure narcissique conduit à l'âge adulte à une jalousie dévorante, de peur de perdre l'être aimé. Le moindre signe de retrait relationnel est interprété comme le présage d'un abandon total.

Par exemple, si un ami proche tarde à répondre à nos messages, au lieu d'y voir un oubli ponctuel, cela réactive un scénario catastrophique de future désertion. On le harcèle de reproches inquisiteurs pour s'assurer de sa présence.

Ou encore, dans le couple, le partenaire étouffe l'autre de ses exigences pour conjurer l'épouvantail de la séparation. Mais ce besoin fusionnel aboutit justement à lasser l'être aimé.

> C'est le cas d'Éric qui me consulte pour des crises de jalousie à répétition épuisant sa femme, Carole. Il m'a expliqué qu'il était habité depuis toujours par une peur panique d'être abandonné. Petit, ses parents, très absorbés par leur travail, le laissaient souvent à des baby-sitters ou à sa grande sœur. Aujourd'hui, lorsque Carole rentre dix minutes en retard ou voit des amies sans lui, il est envahi par le sentiment viscéral qu'elle va le quitter. D'où ses scènes de reproches pour la maintenir disponible. Il en est même venu à la culpabiliser au point qu'elle n'éprouve plus aucun plaisir à sortir, et préfère rester avec lui, tout en lui en voulant de la contraindre par ses peurs irrationnelles.

Cet exemple permet de comprendre comment, derrière les comportements excessifs, se cache la peur panique ultime : celle de ne plus exister aux yeux de l'autre et d'être abandonné pour quelqu'un d'autre.

LA COMPARAISON SOCIALE

Nos sociétés hyper-compétitives génèrent en permanence une confrontation à autrui. Sur les réseaux sociaux, dans les médias, au travail ou dans notre entourage, nous sommes sans cesse mis face au succès ou au bonheur des autres.

De nombreuses études psychosociales ont mis en évidence les effets toxiques des réseaux sociaux, amplificateurs de frustrations et de jalousie. Sur Instagram ou TikTok, la vie des autres paraît toujours plus excitante ou réussie que la nôtre.

Cette compétition virtuelle permanente génère une profonde insatisfaction vis-à-vis de soi-même, surtout chez les plus jeunes.

Ces dernières années, les journaux se sont malheureusement fait l'écho de plusieurs suicides d'adolescentes surexposées aux vies "parfaites" d'instagrammeuses. Incapables de supporter la violence des comparaisons avec ces égéries inaccessibles, la confrontation numérique achève de détruire leur estime d'elles-mêmes.

La compétition sociale virtuelle peut avoir des effets profondément dévastateurs sur les psychés les plus vulnérables. Ces comparaisons permanentes induisent fréquemment un sentiment d'illégitimité et d'injustice chez celui qui se sent en dessous.

C'était évident chez Souleymane, un de mes patients. Commercial de formation, il avait vu nombre de ses compagnons d'étude s'épanouir dans le marketing ou la finance, alors que lui piétinait. Sur Instagram, les photos de voyage et de famille heureuse de ces ex-camarades le plongeaient dans une amertume noire. Souleymane ruminait de longues heures sur le fait de ne pas avoir, à 35 ans, une situation aussi enviable que ses anciens camarades de promotion. Mais il taisait, vis-à-vis de son entourage, cette jalousie corrosive, par honte.

Lors de nos séances, nous avons analysé d'où provenait ce sentiment d'avoir "raté sa vie" par rapport aux autres. Outre le poids des standards véhiculés sur les réseaux sociaux, c'était aussi le résultat d'une éducation particulièrement exigeante. Ses parents, très cadrants, lui avaient inculqué l'idée qu'il devait constamment faire ses preuves et être le meilleur. Il se devait d'être au top professionnellement, mais aussi d'être un père de famille respectable.

Résultat : la moindre réussite d'autrui était vécue comme une menace directe, un constat d'échec sur sa propre vie. Souleymane ne parvenait pas à se détacher du regard extérieur, toujours prompt à le juger en fonction de critères de performance sociale.

La comparaison sociale permanente génère bien souvent frustration, amertume voire jalousie envers ceux qui nous semblent mieux réussir. Ce sentiment d'échec est d'autant plus vif qu'il vient confirmer une estime de soi déjà fragile.

Ces comparaisons incessantes avec autrui sont le catalyseur idéal des affects jaloux, suscitant immanquablement un sentiment cuisant d'injustice et d'insatisfaction de soi. Incapable de se réjouir des réussites d'autrui, le jaloux enrage dans son mal-être .

S'il est si sensible à ces différences de trajectoires de vie, et comme nous venons de le voir avec l'exemple de Souleymane, c'est bien souvent que son propre parcours n'a pas comblé les exigences parentales ou sociales intériorisées.

LA POSSESSIVITÉ TOXIQUE

De nombreuses études en psychologie des relations interpersonnelles ont mis en évidence le lien entre possessivité excessive et jalousie pathologique.

Certains troubles de la personnalité, comme les organisations narcissique ou borderline, sont ainsi caractérisés par un besoin maladif de contrôle sur l'autre. Ne supportant pas l'altérité et l'autonomie de leur proche, ces profils essaient de l'enfermer dans un rôle d'objet, dont ils sont le seul propriétaire et maître.

La personnalité narcissique est caractérisée par un besoin excessif d'être admirée, un manque d'empathie et une hypersensibilité aux critiques. Le narcissique a une estime de lui factice : sous ce masque de toute-puissance, se cachent des carences affectives immenses (je détaille ces aspects dans mon livre "Narcissisme : quand l'ego dévore les relations", paru aux mêmes éditions).

N'ayant pas construit un sens solide de sa propre valeur, le narcissique va alors puiser dans le regard des autres la confirmation de son existence.

Mais cet amour extorqué n'étant jamais à la hauteur de ses attentes, des frustrations émergent, provoquant des crises de rage et de jalousie.

Le diagnostic de **personnalité borderline (ou état limite)** repose également sur des vulnérabilités et une instabilité relationnelles. La personne borderline caractérisée, entre autres, par son instabilité relationnelle majeure, idéalise son partenaire avant de le dévaloriser en bloc sous l'effet d'une peur panique de l'abandon. Ces revirements brutaux s'accompagnent de stratégies de contrôle et d'explosions colériques, dont la jalousie maladive.

Ainsi, derrière la possessivité extrême, se cache souvent une personnalité profondément insécure, qui a besoin de contrôle et d'emprise sur l'autre pour compenser ses défaillances narcissiques internes. Mais cet asservissement n'étant jamais complètement atteignable, la frustration engendre des crises de jalousie chroniques.

Et maintenant, alors que nous venons d'explorer les différents fondements intimes où la jalousie enfouit ses racines, interrogeons-nous : qu'est-ce qui fait que, face à une même situation, l'un va sombrer quand l'autre naviguera paisiblement ?

Telle est la question vertigineuse que je me suis toujours posée au fil de mes années de consultation. Pourquoi certains se relèvent-ils aisément des crises passagères de doute, quand d'autres basculent dans une méfiance dévorante obsédante ?

C'est ce spectre des degrés de la suspicion que nous allons à présent parcourir ensemble. Ce voyage dans les subtilités de nos âmes nous conduira peut-être à mieux saisir comment infléchir notre propre trajectoire.

En comprenant les subtilités des différents degrés de la jalousie, du simple doute passager à l'obsession destructrice, c'est aussi la possibilité qui s'offre à nous d'apprivoiser pacifiquement nos zones d'ombre intérieures.

DU BÉNIN AU PATHOLOGIQUE

Si la jalousie est une émotion profondément humaine, tous ne vont pas la vivre avec la même intensité ni la même chronicité. Le même événement déclencheur pourra ainsi conduire à une réaction mesurée pour l'un, alors qu'il précipitera l'autre dans l'abîme noir de la passion morbide.

Mais quand et comment distinguer la normalité de la pathologie ? Le seuil est-il si tranché entre ce qui relève d'un affect ordinaire et ce qui augure déjà de la névrose ? Je vous propose d'explorer ces différences.

La jalousie mesurée

Elle peut, par exemple, être consécutive à une rupture amoureuse. Il s'agit, dans ce cas, de la douleur passagère face à un abandon, mêlée à une forme transitoire d'hostilité envers le rival. Avec le temps et le travail de deuil, cette jalousie réactionnelle s'estompe.

> Je me souviens de Louise, une patiente qui était venue me consulter suite à l'annonce brutale par son mari Charles de son intention de divorcer.
> Sous le choc, Louise cherchait des réponses. Elle finit par découvrir que Charles entretenait déjà depuis plusieurs mois une liaison secrète avec Myriam, sa jeune collègue de travail.

Outre le chagrin d'un rejet aussi brutal, Louise bascula très vite dans une rage profonde envers sa rivale. Elle se mit à la harceler par SMS en la traitant de briseuse de ménage, jouait au troll sur les réseaux sociaux en commentant agressivement les publications de Myriam, etc. Louise descendit même une nuit crever les pneus de la voiture de Myriam, après avoir mené une enquête digne d'un épisode d'"Esprits Criminels".

Mais, au fil des séances, Louise prit conscience que Charles s'était émotionnellement éloigné bien avant cette liaison. Elle réalisa aussi la toxicité de ses actes dictés par la jalousie et, aujourd'hui, elle ne ressent que des brumes de jalousie lorsqu'elle entend parler de son ex-mari et de sa nouvelle vie amoureuse.

La jalousie mesurée peut aussi s'inscrire dans le quotidien de façon plus subtile et moins envahissante que la jalousie pathologique. Par exemple, un léger agacement lorsque votre partenaire rit un peu trop fort aux blagues d'un/une collègue séduisant/e lors d'un dîner. Ou encore une pointe de frustration quand votre meilleur ami passe plus de temps avec sa nouvelle compagne qu'avec vous. Ces petits pics de jalousie restent passagers, et ne remettent pas en cause la confiance fondamentale dans la relation.

La jalousie pathologique

À l'opposé du spectre, certains profils psychologiques prédisposés vont sombrer dans des abîmes de suspicions et d'obsessions persistantes, durablement invalidantes.

Ces personnalités aux failles narcissiques anciennes trouvent dans chaque frasque de leur partenaire de quoi nourrir un peu plus leur délire interprétatif.

On parle alors de jalousie pathologique, tant elle sature l'ensemble de l'existence du sujet, et gangrène ses relations aux autres. Ses manifestations concrètes tranchent radicalement avec la jalousie dite "normale". Voici une liste comparative (et non-exhaustive) pour vous aider à reconnaître l'une de l'autre :

Manifestations de jalousie mesurée :

- Tristesse, pleurs et/ou irritation lors d'une rupture
- Irritation passagère de l'enfant envers le nouveau conjoint d'un parent
- Hostilité ponctuelle envers le cadet accaparant l'attention
- Rivalité assumée envers frère ou sœur réussissant mieux
- Envie fugace des succès d'autrui
- Bouffée d'agacement face au collègue méritant

Manifestations de jalousie problématique :

- Ruminations et obsessions permanentes sur le partenaire
- Contrôle excessif et abusif
- Violentes crises de rage et d'accusation
- Persistance dans le temps sans accalmies
- Détérioration globale du fonctionnement
- Discours paranoïaque de trahison permanente
- Chantage affectif et explosion de rage
- Sabotage du travail de collègues brillants
- Rejet massif d'un parent ou d'un enfant

Certains de ces symptômes extrêmes reflètent même une profonde décompensation psychique, et nécessitent une prise en charge psychiatrique.

En conclusion, si les formes familiales ou sociales de la jalousie saturent parfois mes consultations, c'est bien la souffrance liée aux tourments de l'amour qui reste la plus fréquente et poignante.

Cet affect si singulier charriant tous les héritages de nos failles archaïques, il n'est guère étonnant de le voir sombrer parfois dans les affres malades de l'obsession.

Pourtant, en cette passion plus qu'ailleurs, comprendre les nuances du sentiment qui nous anime est indispensable pour lui donner sa juste place : ni tout excuser, ni tout condamner.

C'est à ce subtil équilibre que je vous invite dans la suite notre exploration, aussi bien théorique que très concrète, de la jalousie amoureuse. Pour ensemble apprivoiser la bête, et réapprendre à aimer librement.

LA JALOUSIE AMOUREUSE

La jalousie amoureuse est sans doute la forme la plus explosive de ce sentiment. Je ne compte plus les couples que j'ai reçus en consultation, et dont la jalousie de l'un ou de l'autre empoisonnait la vie des deux. Parfois jusqu'aux cris, aux pleurs, voire aux coups, car rien ne fait plus mal que de douter de la personne qui est sensée nous aimer. Et je précise que la souffrance n'est pas unilatérale. En effet, devoir constamment rassurer celui ou celle qui ne nous fait pas/plus confiance est épuisant, et souvent vécu comme une injustice qui peut entrainer frustration et colère.

Pourtant, un soupçon de jalousie peut sembler flatteur, comme la marque d'un amour passionné qu'on ne veut à aucun prix perdre. Mais, si elle n'est pas contenue et gérée, cette émotion si primitive met en péril la confiance, ingrédient indispensable à la construction d'un amour serein dans la durée.

Dans ce chapitre, nous explorerons les racines de cette douleur spécifique, ses manifestations les plus fréquentes, ainsi que ses conséquences les plus tragiques. Nous verrons également comment la désamorcer avant qu'elle ne brise le couple de l'intérieur, en rétablissant une communication saine.

TESTEZ VOTRE JALOUSIE

Avant de continuer, je vous propose un test pour évaluer le niveau de votre jalousie en couple. Répondez sincèrement aux questions suivantes par oui ou par non, puis allez voir les résultats. Je précise que ce test n'est pas validé scientifiquement, mais qu'il repose sur mes observations et sur mes études concernant la jalousie dans les couples en général.

1. Votre partenaire passe une soirée avec des amis de l'autre sexe, est-ce que cela vous inquiète ?

2. Vous trouvez des messages ambigus, tels que "bisous", "envie de te voir", emojis coeur, sur le téléphone de votre partenaire. Cela provoque-t-il une montée d'adrénaline en vous (par exemple accélération du rythme cardiaque, chaleur, mains moites, etc) ?

3. Votre partenaire rentre en retard ou annule votre rendez-vous, imaginez-vous immédiatement qu'il ou elle a rencontré quelqu'un d'autre ?

4. Est-il difficile pour vous d'accepter l'idée que votre partenaire puisse dîner avec des amis, tous sexes confondus, sans vous, de temps en temps ?

5. Vous arrive-t-il d'être agacé(e) si votre partenaire ne répond pas assez vite à vos appels ou messages ?

6. Trouvez-vous normal d'exiger un compte-rendu détaillé des soirées ou voyages effectués sans vous ?

7. Cherchez-vous régulièrement à savoir avec qui votre partenaire dialogue sur les réseaux sociaux ou par messagerie ?

8. Contrôlez-vous les tenues vestimentaires de votre partenaire quand il/elle sort sans vous ?

9. Suite à une crise de jalousie, avez-vous tendance à reporter la faute sur l'attitude "provocatrice" de l'autre ?

10. Avez-vous déjà fait croire à votre partenaire que vous aviez des preuves de tromperie pour obtenir des aveux ?

11. Acceptez-vous difficilement qu'il/elle ait aussi une vie (amicale, sportive, artistique, familiale…) en dehors de vous et de votre relation ?

12. Surveillez-vous ouvertement le téléphone portable ou les comptes sociaux de votre partenaire de temps en temps ?

13. Etes-vous méfiant(e) lorsque votre partenaire évoque des collègues de travail ou amis de façon élogieuse ?

14. Menacez-vous parfois de rompre pour forcer votre partenaire à couper contact avec certaines personnes ?

15. Avez-vous déjà forcé votre partenaire à vous raconter sa vie amoureuse et/ou sexuelle passée ?

16. Vous arrive-t-il de refuser de regarder un film car un des acteurs ou une des actrices plaît à votre partenaire ?

Résultats

Comptez :
- 2 points si vous avez répondu oui aux questions 3, 4, 5, 8, 10, 11, 14 et 16
- 1 point si vous avez répondu oui aux questions 1, 2, 6, 7, 9, 12 et 15
- 0 point si vous avez répondu non

De 16 à 23 points = jalousie problématique
De 9 à 15 points = seuil limite
En dessous de 8 points = jalousie acceptable

Ce petit test, s'il ne prétend pas avoir de valeur diagnostique, peut néanmoins vous donner quelques clés de réflexion sur votre propre fonctionnement. L'idée n'est pas de vous culpabiliser si votre score indique une forte propension à la jalousie, mais plutôt de prendre conscience de certains schémas récurrents dans vos réactions affectives.

Cette introspection sera précieuse à la lumière des éléments de compréhension que nous allons à présent explorer sur les racines psychologiques de la jalousie dans le couple. En effet, comprendre d'où surgissent nos peurs et nos besoins irrationnels est le premier pas pour espérer les apaiser.

LES RACINES PSYCHOLOGIQUES

Derrière ses accès spectaculaires, la jalousie amoureuse recouvre une réalité complexe. Elle traduit certes l'effroi de perdre l'autre, mais exprime aussi l'impossible quête de retrouvailles fusionnelles pour combler nos anciennes détresses.

Certes, nous avons déjà exploré, lors d'un précédent chapitre, les éclairages apportés par la psychanalyse sur les racines de la jalousie, d'un point de vue général. Mais il nous faut à présent saisir les spécificités de cette genèse lorsqu'elle s'enracine dans le contexte si singulier des relations amoureuses.

C'est au cœur du lien intime fragilisé avec le partenaire que la jalousie vient réveiller les peurs enfouies : hantise panique de l'abandon, blessures du narcissisme. Autant de sentiments qui plongent dans les fondements de la psyché.

L'ATTACHEMENT INSÉCURE, UNE FAILLE NARCISSIQUE

La théorie de l'attachement développée en psychologie distingue schématiquement deux grands types de personnalités amoureuses : les sûres (ou autonomes) et les insécures.

Le psychiatre John Bowlby a développé la théorie de l'attachement dans les années 1950. Selon lui, l'enfant intériorise pendant l'enfance des "modèles opérants" sur la disponibilité émotionnelle de ses parents.

Si ceux-ci répondent majoritairement de façon cohérente et réconfortante à ses besoins, l'enfant développe un attachement "sûr". À l'âge adulte, cela se traduit par une confiance en soi et en les autres. Mais, ce qui est particulièrement intéressant ici, ce sont les enfants qui ont intégré un attachement de type "insécure".

Selon cette théorie, un attachement insécure peut se développer si les figures parentales adoptent, de façon répétée et durable, certaines attitudes (il est important de souligner que tous les parents, même les plus aimants, peuvent avoir des moments de fatigue, de stress ou de moindre disponibilité. L'essentiel est que ces moments ne constituent pas la norme dans la relation parent-enfant) :

Inconstants : pas toujours suffisamment attentifs et réceptifs aux besoins du nourrisson. Par exemple, des parents très fatigués ou stressés qui répondent de façon mécanique ou distraite au bébé, sans véritable échange de regards, ou ne remarquent pas ses pleurs.

Ou encore, des parents présents physiquement mais "absents" mentalement, par exemple captivés par leur téléphone, sourds aux sollicitations de bébé. Ou qui disparaissent du champ de vision du nourrisson sans explications, provoquant angoisse et insécurité

Ces diverses formes de négligence relationnelle, même bénignes ou non-intentionnelles, génèrent de l'incertitude chez le bébé sur la fiabilité de ses figures de soins.

Invasifs : centrés exclusivement sur l'enfant de façon étouffante. Par exemple, une mère "poule" qui couve tellement son enfant, qu'il n'a aucun espace d'exploration autonome pour apprendre à gérer seul certaines frustrations.

Rejetants : manifestant de l'irritation ou de l'agacement face aux demandes d'attention du nourrisson. Par exemple, des parents en conflit, qui s'énervent après le bébé pleurant pour un biberon, et lui crient dessus en lui intimant de se taire.

Ou encore, des parents qui refusent de prendre dans les bras ou de bercer leur bébé lorsqu'il manifeste de la détresse, estimant qu'il doit "s'endurcir".

Ces comportements hostiles ou d'ignorance face aux émotions du bébé génèrent de la peur, de l'insécurité et des carences affectives durables.

Les enfants ayant grandi avec un attachement insécure projettent à l'âge adulte ce modèle de relations heurtées dans leurs rapports intimes. Ils ont en effet intégré l'idée que l'amour est aléatoire et conditionnel : pour s'assurer de l'affection de l'autre, il serait nécessaire de surveiller en permanence les preuves manifestes de son engagement.

Ces adultes au profil dépendant vont ainsi sans cesse guetter les signes tangibles de la présence de leur partenaire : attention portée, messages réguliers, démonstrations physiques d'intérêt... tout en doutant constamment de leur pérennité.

Ils restent habités par la hantise secrète que leur moitié pourrait cesser de les aimer à tout moment. Alors, au moindre comportement un tant soit peu distant ou ambigu, ils sombrent dans le chaos de la jalousie, venant confirmer leurs insécurités premières.

Cette vulnérabilité affective parachève le destin de qui fut un jour enfant abandonné.

LA PEUR DE PERDRE L'AUTRE

Au-delà d'une faille narcissique souvent ancienne, un élément déclencheur vient fréquemment
révéler la béance intime tapie en nous : la peur panique de perdre l'être aimé.

Cette terreur recouvre aussi bien l'angoisse de
l'abandon que celle de la tromperie. Dans les deux
cas, c'est toute la légitimité de l'amour qui nous est
accordé qui se trouve brutalement remise en cause.

L'épouvantail de l'abandon

Certains patients présentent une angoisse mas-
sive que leur partenaire ne se lasse d'eux. Ils
scrutent alors le moindre signe de retrait comme
présage d'une séparation à venir : retour tardif, soirée entre amis sans eux...

> C'est ce que j'ai pu observer chez Juliette,
> patiente évoquée précédemment. Malgré les
> constantes démonstrations d'amour de son
> conjoint William, elle demeurait intimement
> persuadée qu'il la tromperait tôt ou tard.
> Ce doute irrationnel compulsif trahissait chez
> Juliette la persistance de matrices infantiles.

Seule une fusion sans faille durant ce qu'il est commun d'appeler "la lune de miel", c'est-à-dire le tout début de la relation, avait temporairement apaisé ses terreurs de l'abandon. Dès lors, la moindre interaction anodine de William avec une autre femme réactivait en elle des gouffres d'insécurité.

Ce cas clinique illustre bien comment une faille narcissique ancienne sur le plan de l'attachement risque de conduire plus tard à des crises de jalousie chroniques dans la vie adulte. Selon le niveau perçu des marques d'amour du conjoint, l'intensité varie : certaines périodes offrent des accalmies quand le partenaire se montre attentif, et renforce ainsi temporairement la confiance du jaloux.

Mais inévitablement, dès que surgit l'ombre d'une possible infidélité ou abandon, les démons du passé resurgissent. Chaque mot ambigu, chaque retour tardif du conjoint vient raviver les plaies mal cicatrisées, et déclenche une rechute aiguë. C'est alors que le cycle de hauts et de bas émotionnels reprend de plus belle.

Le spectre de la tromperie

Plus encore que l'abandon, la perspective d'une infidélité du partenaire est vécue comme une catastrophe par le jaloux, une menace vitale à son ego déjà fragile. Cette peur trahit souvent la persistance de manques affectifs issus de l'enfance.

N'ayant pas reçu assez de marques concrètes d'amour de ses parents, le jaloux s'est construit sur des bases narcissiques faibles. Inconsciemment, il redoute que chaque regard du partenaire pour autrui ne confirme ce soupçon lancinant : celui de ne pas être assez aimable.

D'où une propension fréquente à surveiller le moindre SMS, le moindre retard, pour se rassurer. Le jaloux transpose ses peurs enfantines (être négligé, cesser de compter pour l'autre) sur sa relation de couple.

LE BESOIN AFFECTIF EXCESSIF

Selon la psychanalyse, derrière le besoin fusionnel avec le partenaire se cache en réalité la quête effrénée de retrouver le cocon maternel sécurisant de nos premiers mois.

Le psychanalyste Donald Winnicott explique que le nourrisson, dans ses premiers stades de développement, vit un sentiment de toute-puissance du fait de la présence et de la disponibilité permanentes de la mère. Une attention de tous les instants qui lui donne l'illusion que ses besoins seront comblés immédiatement par ce parent parfait, accordé à ses moindres désirs.

Mais le sevrage et la confrontation aux premières absences maternelles brisent tragiquement cette omnipotence infantile. L'enfant doit alors intégrer la dure loi de la frustration et de l'altérité.

Or, selon Freud, lorsque ce processus ne se fait pas correctement, la quête de l'adulte reste de retrouver inconsciemment cette symbiose précoce. D'où ce besoin fusionnel excessif projeté sur le ou la partenaire, de ne faire plus qu'un. La jalousie surgit alors face à tout risque de brisure de cette illusion.

LA JALOUSIE PROJECTIVE

La jalousie projective constitue, selon Freud, une étape pathologique dans laquelle le sujet projette sur son ou sa partenaire ses propres désirs et pulsions refoulés. Autrement dit, il prête à l'autre ses propres penchants ou actes inavouables, qu'il est incapable d'assumer consciemment.

C'est ce que la psychanalyse nomme un "mécanisme de défense" : pour supporter la culpabilité de pensées jugées interdites ou condamnables moralement par notre Surmoi (notre instance de censure intérieure), notre inconscient les attribue alors à un tiers, ici notre conjoint. Ainsi, le mari rongé par des fantasmes adultères qu'il s'interdit, va accuser sa femme de tromperie pour atténuer sa propre dissonance cognitive.

La projection permet également d'évacuer un manque de confiance et d'estime de soi : plutôt que de remettre en cause sa propre insécurité, le jaloux la reporte sur son partenaire, jugé perfide et infidèle.

Vous l'aurez compris, derrière la projection se cache bien souvent une fragilité psychique que la psychanalyse permet de résoudre, en ramenant à la conscience ces désirs refoulés parasitant la relation.

QUAND LA PEUR SE RÉVEILLE

Si les racines de la jalousie résident dans des failles psychologiques intériorisées depuis l'enfance, ce sont souvent des événements anodins du quotidien qui agissent comme déclencheurs des crises.

Des facteurs en apparence banals (un retard, un texto ambigu, des likes trop nombreux...) font alors écho à des scénarios redoutés. Ils semblent confirmer les craintes tapies dans nos mémoires : celle de ne plus compter, d'être abandonné ou d'être remplacé.

Cette impression soudaine que les peurs enfouies sont en train de se matérialiser provoque un choc violent. Incapable de raisonner sereinement, le jaloux explose littéralement sous le coup de la suspicion et de l'urgence à agir pour conjurer le péril fantasmé.

Parmi ces facteurs déclencheurs, le changement de comportement du partenaire, les interactions numériques, et, bien évidemment, l'infidélité, sont les plus fréquents et les plus déstabilisants.

LE CHANGEMENT DE COMPORTEMENT

Même sans infidélité, le ou la partenaire qui commence à rentrer plus tard, sortir entre amis plus souvent, ou accorder moins de temps au couple dans ses paroles, envoie des signaux troublants.

Instinctivement, le manque affectif renaît et les insécurités resurgissent. Ce repli relationnel est interprété comme un danger de perte de l'autre. La jalousie s'invite alors pour tenter de conjurer le spectre de l'abandon latent.

Je me souviens de Marc, la trentaine, qui était venu me consulter suite à une crise aiguë de jalousie envers Léa, sa compagne depuis sept ans. Il était obsédé par l'idée qu'elle le trompait avec un collègue dont elle avait osé faire l'éloge en sa présence.

Pourtant, après analyse de l'historique, cet accès soudain de suspicion exacerbée faisait suite à un changement de comportement récent de Léa. Celle-ci rentrait effectivement plus tard du travail certains soirs, et se montrait moins attentive aux récits de Marc sur ses activités quotidiennes.

Réactivant en lui de vieilles blessures d'abandon, ce relâchement relationnel a réveillé brutalement ses insécurités tapies. D'où ce bas-culement dramatique dans une jalousie dévo-rante, obligeant Léa à lui prouver son amour de manière obsessionnelle.

On le voit, le moindre frémissement de change-ment ou de distance dans l'attitude du partenaire réactive avec force les peurs enfouies de séparation ou de rejet. Lorsqu'émerge ce sentiment de vide af-fectif, le registre intime de la jalousie se déclenche.

Tels des réflexes de protection face à la menace de rupture, les élans de suspicion et de possessivité surgissent alors, en vaines tentatives pour conjurer l'effroi de l'abandon.

Sans sombrer dans des raccourcis hâtifs, com-prendre ce mécanisme psychique singulier permet déjà de mieux appréhender ces explosions passion-nelles. La jalousie devient alors moins subie, et la relation plus pacifiée.

LES INTRUS NUMÉRIQUES

Dans notre monde hyper-connecté, les réseaux sociaux ajoutent une dimension vertigineuse aux relations humaines. Un simple "j'aime" sous la photo d'un inconnu peut être vécu comme une déclaration passionnée.

Pour le ou la partenaire au profil dépendant affectif, ces signes virtuels d'intérêt constituent autant de menaces fantasmatiques sur leur lien exclusif. Même un cœur anodin fait immédiatement sens et vient corroder l'estime de soi fragilisée.

Qui plus est, avec la visibilité accrue sur les relations sociales offerte par ces espaces publics numériques, comment ne pas épier les petits commentaires flatteurs que l'être aimé laisse sous les selfies de ses amis virtuels ?

Cette hyper conscience des interactions potentielles offre une matière infinie aux scénarios paranoïaques. Là encore, la technologie, si utile soit-elle, vient catalyser les peurs indicibles qui sommeillent en nous.

L'INFIDÉLITÉ, DÉTONATEUR DE LA JALOUSIE

Lorsqu'un des conjoints est habité depuis toujours par le démon de la jalousie, celle-ci finit bien souvent par étouffer l'autre au point de le pousser dans les bras d'amants illégitimes. C'est ce que les psys appellent "la prophétie auto-réalisatrice".

Une fois l'infidélité avérée, elle prend alors une dimension explosive. Le conjoint trompé y voit la confirmation éclatante de tous ses soupçons. Son ego en prend un coup si violent, qu'il cherche à restaurer son amour propre en rabaissant l'amant rival.

Prenons Lucas et Sophie, un couple marié depuis 18 ans. Lucas était habité depuis toujours par la peur tenace que Sophie le trompe lors de ses déplacements professionnels. Il l'appelait jusqu'à cinq fois par jour pour vérifier ses faits et gestes, exigeant de connaître chacun de ses interlocuteurs.

Sophie a fini par ne plus supporter cette prison dorée, issue des inquiétudes de Lucas. Ses accusations quotidiennes, ses vérifications obsessionnelles la faisaient se sentir épiée, jugée en permanence. Elle étouffait littéralement dans ce carcan de suspicions qui parasitaient le moindre de ses faits et gestes. Elle ressentait le besoin de retrouver, l'espace de quelques heures volées, une forme de liberté personnelle perdue. C'est dans cet élan d'émancipation qu'elle a entamé une liaison avec un collègue.

Découvrir que Sophie le trompait, a été pour Lucas un cataclysme narcissique. Plus que la douleur de la perte, c'est la confirmation brutale de tous ses doutes qui prédominait. Il s'est senti profondément humilié et bafoué dans son statut de mari aimant et dévoué. Obnubilé par cet effondrement de son amour-propre, Lucas a cherché alors à restaurer une forme de toute-puissance. Il a dénigré violemment le rival et Sophie elle-même, se posant en victime hautement légitime et morale face à ces êtres abjects et traîtres.
Son ego meurtri trouvait dans le dénigrement de l'autre un maigre réconfort.

Cet exemple montre comment l'infidélité vient tragiquement confirmer de la pire des manières les insécurités narcissiques du soupçonneux, dans une rage destructrice autant pour le couple que pour l'estime de soi des partenaires.

Au terme de ce voyage au centre de la jalousie dans le couple, nous réalisons combien ce sentiment recouvre des réalités psychiques complexes et ambivalentes.

Certes, la peur panique de perdre l'être aimé reste indiscutablement au centre de ses manifestations les plus vives. Perdre l'autre, c'est prendre le risque de se perdre soi-même, tant nos amours portent la marque de nos manques.

Pour autant, et je pense que vous l'aurez compris, la jalousie n'est pas qu'histoire de possession ou de pouvoir. Elle nous ramène surtout, de façon poignante, à nos vulnérabilités fondatrices, là où le moi se construit dans la dépendance à l'autre.

Et, ce besoin fusionnel qui nous habite parfois démesurément, cache en réalité une quête bien légitime : celle de protections primaires qui firent un jour défaut. La jalousie devient alors la manifestation désespérée d'un droit fondamental bafoué : celui d'avoir été aimé inconditionnellement.

CONSÉQUENCES RELATIONNELLES

Si les ressorts intimes de la jalousie renvoient à des enjeux profondément humains, ses répercussions sur la relation de couple n'en sont pas moins dévastatrices. Car une fois embrasé par les flammes de la suspicion, c'est tout l'équilibre conjugal qui se trouve durablement fragilisé.

En effritant les bases mêmes de la confiance, la jalousie conduit à terme au délitement du couple. Lorsque le doute parasite chaque mot et chaque geste, pourrissant jusqu'aux racines un amour devenu geôle mentale, comment espérer encore partager des moments de complicité sereine ?

Las des reproches, des inquiétudes et des pleurs, c'est donc toute communication constructive qui finit par être étouffée. Et ce poison que l'on croyait circonscrire à la seule relation menace alors de se diffuser à chaque aspect de nos vies.

Décryptons ensemble les mécanismes implacables de cet engrenage délétère, afin d'en comprendre toutes les subtilités, pour mieux encore les désamorcer.

COMMUNICATION DÉFAILLANTE

La jalousie sait se nourrir des moindres silences ou quiproquos pour prospérer. En effet, la communication - ou plutôt son absence - joue un rôle central dans l'entretien des soupçons.

Un mot anodin, une plaisanterie avec un double sens, le fait de rentrer plus tard sans prévenir ou d'omettre un détail de sa journée, sont autant d'éléments que le conjoint jaloux va interpréter comme des preuves de mensonge ou de tromperie.

Ces malentendus renforcent sa conviction que quelque chose lui échappe, alimentent un sentiment paranoïaque face au discours de l'autre, pourtant sincère. On entre dans une spirale infernale où le dialogue ne fait qu'accroître la mésentente.

Je pense à Marine, une de mes patientes, qui vivait un véritable calvaire avec son copain Thomas. Au début de leur relation, tout allait pour le mieux, et Marine lui faisait confiance. Jusqu'au jour où, en voyage à Marrakech, elle tomba par hasard sur une photo de Thomas avec son ex, Emma, au même endroit.
Marine se sentit trahie qu'il lui ait caché ce voyage avec son ancienne petite-amie. Pour-

quoi ne pas lui en avoir parlé ? Et si ses sentiments pour Emma n'étaient pas si éteints ? En rentrant à Paris, elle se mit à harceler Thomas de questions sur Emma et leur relation passée. La moindre hésitation de sa part exacerbait ses soupçons. Parfois, Thomas éludait certaines réponses par peur de la blesser, mais ses omissions ne faisaient qu'accroître la suspicion de Marine. Et s'il répondait en prenant soin de donner tous les détails, il devait alors supporter les remarques acerbes et les sarcasmes de Marine : il était perdant dans tous les cas.

On voit bien dans le cas de Thomas et Marine que la communication se révèle totalement improductive pour désamorcer les soupçons, qu'elle ne fait qu'alimenter.

Pourtant, une communication saine est essentielle entre partenaires pour exprimer ses doutes ou ses besoins de réassurance, avant qu'ils ne s'enveniment. Comme nous le verrons plus loin, l'écoute empathique et l'authenticité des échanges sont de puissants antidotes lorsque la jalousie menace.

Pour l'instant, observons un autre facteur fréquent de discorde au sein des couples : les tentatives de manipulation de la personne jalouse pour nourrir le climat de suspicions.

MANIPULATION ET ABUS : LES ARMES DES JALOUX

Si la jalousie traduit des carences narcissiques, elle peut conduire, dans ses formes les plus graves, à des stratégies de manipulation de l'autre visant à combler ce vide.

Lorsqu'elle devient maladive, la jalousie acte l'incapacité à accepter l'autre dans son altérité et dans sa liberté. Ne supportant l'idée angoissante qu'il puisse exister en dehors de soi, le sujet va alors user de diverses formes de pressions sur son partenaire pour nourrir ses propres scénarios fantasmatiques.

Cette volonté de contrôle exacerbée, pour s'assurer de la pleine possession de l'être aimé, rappelle ce que la psychanalyse nomme "relations d'emprise". Que ce soit par fragilité affective ou par calcul machiavélique, certains profils narcissiques usent de manipulations et de jeux psychologiques pour asservir autrui. Leur but est de combler, par procuration, le gouffre émotionnel qui les habite, en maintenant les autres sous emprise.

Détaillons ici comment le jaloux maladif peut basculer dans cette manipulation, qui confine parfois à la maltraitance psychologique.

Le chantage affectif

Faire pression sur l'autre, en le menaçant de rupture ou de représailles s'il ne se plie pas à ses exigences de transparence absolue.

L'espionnage technologique

Fouiller les messages, les historiques d'appels et de navigation, espionner les messageries, scruter les réseaux sociaux : le jaloux n'hésitera pas à violer l'intimité numérique de son ou sa partenaire, à son insu, dans l'espoir d'y dénicher des preuves de tromperie.

Logiciels espions, surveillance des communications... tous les moyens technologiques sont bons pour traquer les faits et gestes virtuels du conjoint. L'objectif reste le même : débusquer le moindre indice qui trahirait des velléités d'infidélité.

L'inquisition ou les faux aveux

Soumettre l'autre à un interrogatoire serré sur ses faits et gestes, ou lui faire croire détenir des informations compromettantes.

Le dénigrement

Rabaisser subtilement ou ouvertement l'autre, aussi bien en privé que devant des proches, le ou la traiter de "naïf·ve", "faible", "stupide" pour saper son estime de soi, et le ou la dissuader de nous quitter.

La culpabilisation

La personne au profil jaloux peut spontanément adopter des attitudes de victime, occultant sa part de responsabilité dans la dégradation de la relation de couple.

Mais incapable de questionner son propre fonctionnement, le jaloux va reporter sur l'autre le poids de ses tourments intérieurs. Par exemple, en assénant ce type de discours moralisateur :

« Tu sais très bien que je ne supporte pas l'incertitude, que ça m'angoisse. Alors pourquoi ne pas faire ce petit effort, de m'informer de ce que tu fais ? Serait-ce trop demander pour préserver notre couple que tu prétends aimer ? ».

L'objectif d'une telle posture de victime éplorée est clairement de susciter l'auto-incrimination du/de la partenaire, le/la forçant à se justifier en permanence pour se dédouaner des souffrances supposément subies.

QUAND LA JALOUSIE CONDUIT À LA DÉTRESSE

Lorsqu'elle perdure, la jalousie maladive peut plonger le couple dans un état de détresse psychologique : épuisement, irritabilité permanente, crises émotionnelles récurrentes...

Le ou la partenaire du jaloux, cible des accusations et d'une suspicion de tous instants, souffre aussi. Exténué(e) par les demandes de preuves et les scènes à répétition, il/elle sombre également dans la frustration abyssale de ne pas être cru(e).

Le climat toxique instauré par les soupçons érode la relation autrefois fusionnelle. Pris dans cette spirale, les deux partenaires voient leur état psychique s'assombrir, jusqu'à un profond désintérêt pour tout ce qui faisait le sel de leur vie à deux.

Petit à petit, la personne jalouse ne ressent plus que vide affectif et lassitude face à ce couple devenu prison mentale étouffante. Pourtant, terrifiée par l'idée de voir l'autre lui échapper, elle persiste à endosser son rôle de geôlier.

Cette spirale infernale auto-entretenue, de jalousie et de déprime, peut alors conduire à des passages à l'acte tragiques (adultère vécu comme libérateur, rupture brutale initiant un deuil impossible, etc).

Identifier les symptômes de détresse corrélés à la jalousie devient donc indispensable avant qu'un point de non-retour ne soit atteint, qui laisserait alors bien peu d'espoir de reconstruction sur les ruines du couple.

Au terme de cette exploration, il apparaît clairement que la jalousie amoureuse revêt une profonde complexité derrière ses explosions spectaculaires.

J'ai pu observer cliniquement à quel point les insécurités narcissiques, héritées de failles archaïques, prédisposent à la suspicion obsessionnelle. La peur panique de perdre l'autre, réminiscence de traumatismes passés, explique aussi la violence des accès aigus de jalousie.

Par ailleurs, le dialogue rompu, les reproches incessants et le climat de tension génèrent, à terme, une grande souffrance au sein du couple. Son équilibre s'en trouve durablement fragilisé.

Cependant, comprendre ces racines, si essentiel soit ce travail, ne saurait absoudre les agissements de manipulation et de harcèlement que peut entraîner la jalousie. Chacun demeure responsable du choix de ses actes.

Cette plongée dans les arcanes de la jalousie amoureuse n'en était pas moins indispensable pour en désamorcer les dérives et pacifier la relation. Si le chemin reste long, renouer la confiance demeure possible !

LA JALOUSIE AU TRAVAIL

"All About Eve" est un de mes films préférés, car il montre bien que personne n'est à l'abri de la jalousie, même les plus talentueux et adulés. Ce film de 1950, réalisé par Joseph L. Mankiewicz, suit l'histoire de la comédienne Margo Channing, talentueuse mais vieillissante, qui voit sa carrière menacée par l'arrivée d'Eve Harrington. Cette jeune femme, qui s'est d'abord présentée comme une fervente admiratrice de Margo, mais qui la jalouse avec passion, va peu à peu gagner la confiance de tous pour se rendre indispensable.

Progressivement (attention spoiler !), les critiques préfèrent à l'expérience de Margo la fraîcheur et la beauté d'Eve. La situation se retourne et c'est désormais Margo qui suit d'un œil envieux les succès grandissants de sa nouvelle rivale. Lorsque celle-ci décroche le premier rôle qui lui était promis, Margo explose littéralement de jalousie.

On le voit, que l'on soit débutant ou vedette établie, la réussite d'autrui a tôt fait de réveiller nos insécurités.

Le monde professionnel n'échappe donc pas aux affres de la jalousie, bien au contraire. Les rivalités entre collègues sont monnaie courante, chacun craignant de perdre en influence, ou de se faire déposséder de ses attributions.

Certains salariés vivent très mal la réussite de leurs pairs, surtout quand eux-mêmes piétinent depuis des années au même poste. Tout élément de comparaison défavorable est alors vécu comme une remise en question insupportable.

D'où des stratégies de dénigrement, de sabotage ou de désinformation pour discréditer ceux qui ont le malheur de trop briller. Le collègue jaloux préfère salir l'image de la personne qui l'éclipse, quitte à nuire aux intérêts de l'entreprise, plutôt que de remettre en question ses propres insuffisances.

Cette attitude vindicative trahit non seulement une estime de soi défaillante, mais aussi une crainte panique d'être mis sur la touche et remplacé par quelqu'un de plus talentueux. La peur de ne plus compter, de ne plus exister aux yeux des autres, est ce qui nourrit *in fine* la jalousie professionnelle.

Si, au départ, une saine émulation entre collègues est bénéfique et stimulante, elle peut vite se muer en rivalité malveillante lorsque l'un se sent dépassé par le talent ou le succès de l'autre. Car rien ne blesse plus notre amour-propre que de se faire éclipser par un pair.

Dans ce chapitre, nous explorerons les différentes formes que peut prendre cette jalousie professionnelle : du dénigrement visant à discréditer les réussites de l'autre, aux sabotages plus sournois pour entraver son avancement. Nous verrons également comment la canaliser avant qu'elle ne pourrisse toute cohésion d'équipe.

LA COMPÉTITION, UN JEU DANGEREUX

Le monde professionnel fonctionne beaucoup à la carotte et au bâton. Chacun doit en permanence faire ses preuves et prouver son utilité, au risque d'être dépassé ou remplacé. Dans ce contexte, la compétition entre collègues est souvent valorisée comme un sain facteur d'émulation.

Mais cette mise en concurrence peut vite devenir malsaine et renforcer les rivalités stériles. Surtout lorsque certains obtiennent des promotions ou des projets valorisants en interne. Inévitablement, ceux qui stagnent se sentent dévalués et réagissent par l'envie ou le dénigrement.

J'ai récemment suivi Sandrine, comptable senior dans une grande entreprise. À l'arrivée d'Amandine, sa nouvelle collègue, Sandrine se sentit rapidement éclipsée par le dynamisme et les idées novatrices de la jeune femme.

Lors des réunions, elle s'arrangeait pour couper la parole à Amandine dès que celle-ci proposait un nouveau projet prometteur. Sandrine glissait aussi de fausses rumeurs aux autres managers pour jeter le doute sur les compétences de sa rivale.

Le point culminant fut quand Sandrine profita d'un déjeuner professionnel avec d'autres managers, pour insinuer qu'Amandine ne maîtrisait pas certains aspects cruciaux de ses projets, remettant en cause ses bilans comptables.

Puis, elle répandit, via la messagerie interne, de faux bruits comme quoi Amandine envisageait de démissionner prochainement, semant le trouble parmi leurs collaborateurs.

Ces actions sournoises de déstabilisation témoignent de la versatilité des stratégies que peut adopter, au sein de son environnement professionnel, la personne jalouse pour nuire à ceux qui brillent un peu trop fort à son goût.

LA HANTISE D'ÊTRE REMPLACÉ

Dans un contexte économique incertain, la crainte d'être mis sur la touche, ou remplacé par quelqu'un de plus compétent, est bien réelle. Ce climat d'insécurité professionnelle exacerbe la compétition entre collègues.

Car personne n'est à l'abri d'un plan social ou d'une réorganisation interne qui aboutirait à prendre un(e) collègue plus "rentable". Particulièrement lorsque l'entreprise traverse des turbulences.

On m'adresse parfois des managers ou cadres dirigeants en proie à des difficultés liées au travail. C'était le cas de Frank, la cinquantaine, que son entourage décrivait volontiers comme un "self-made man" charismatique.

Sa carrière avait été une ascension fulgurante, de technicien à directeur général en quelques années seulement. Mais, dernièrement, son entreprise avait connu le plus gros rachat de son histoire par un groupe international. Et, à la surprise générale, c'est Marc, trentenaire au

CV déjà impressionnant, qui avait été nommé directeur général adjoint, aux côtés de Frank. Ce dernier vivait très mal l'arrivée de ce "jeune loup" déjà courtisé par les médias comme l'incarnation de la relève. Frank craignait que Marc, auréolé de ses diplômes prestigieux, ne le fasse bientôt apparaître comme un vieux dinosaure dépassé, bon à remplacer.

Bien qu'extérieurement affable et courtois avec son nouvel adjoint, Frank le mettait en difficulté par micro-décisions contradictoires, omissions d'informations cruciales ou réunions calées à des horaires impossibles. Marc peinait à comprendre d'où provenaient ces bâtons sans cesse mis dans les roues de ses projets.

En séance, Frank finit par admettre, non sans mal, la jalousie qui l'animait envers ce subordonné si brillant. Selon lui, toutes les attitudes d'obstruction à son égard relevaient de simples maladresses organisationnelles, aucune mauvaise intention.
Il a pourtant fini par accepter le caractère délétère de tels agissements. Travailler sur ses motivations profondes était indispensable pour espérer une collaboration sereine, garante des intérêts supérieurs de l'entreprise.

Cette hantise d'être mis au placard, ou poussé vers la sortie, incite à surveiller avec jalousie toutes les personnes qui pourraient apparaître comme des menaces : collègues plus talentueux, plus diplômés, mieux introduits auprès des décideurs, etc.

Le moindre de leur succès est alors vécu comme la preuve de sa propre obsolescence. D'où des stratégies fréquentes de dénigrement, qui permettent de maintenir les "rivaux" à distance.

Voici quelques exemples de méthodes fréquemment utilisées :

Le mensonge pur et simple : lancer de fausses rumeurs sur son collègue, pour jeter le doute sur son intégrité ou sa santé mentale.

Le faux compliment assassin : déguiser une critique acerbe sous les habits de la courtoisie hypocrite lors d'une réunion importante.

Les fausses fuites : orchestrer des fuites d'informations erronées ou confidentielles, pour compromettre un collègue ou un service.

Le sabotage technologique : usurper l'identité numérique d'un collègue pour envoyer des messages problématiques qui jettent le discrédit.

Le sarcasme public : railler avec une fausse connivence les prises de parole d'un collègue pour mieux saper son autorité.

Au-delà de ces manipulations plus ou moins frontales, le mode dit **"passif-agressif"** est également une arme redoutable du jaloux au travail. Derrière un masque de courtoisie, se cachent alors des piques régulières qui minent l'autre en douceur.

Je me souviens de David, un cadre quadragénaire qui venait me consulter car sa position hiérarchique était menacée par l'arrivée d'une jeune directrice prénommée Clotilde.

En séance, David m'avait raconté adopter en apparence une attitude courtoise, voire déférente avec Clotilde. Il applaudissait ses prises de décisions en réunion, et se proposait pour l'aider à se former aux rouages internes complexes de la boîte.

Mais dans les faits, il passait son temps à dévaloriser les compétences de sa patronne dans les couloirs, auprès de ses équipes ou des autres cadres dirigeants. Il soulignait, avec une fausse bienveillance, son inexpérience ou ses idées farfelues.

David allait même jusqu'à saboter certains de ses projets, en "oubliant" de transférer des informations cruciales ou en postposant des actions prioritaires. Aux questions de Clotilde sur ces dysfonctionnements à répétition, David répondait invariablement avec un sourire contrit qu'il s'agissait de simples "problèmes de communication". Une façon subtile de la faire passer pour paranoïaque si elle osait le soupçonner.

Voilà un mode opératoire passif-agressif typique, qui permettait à David de nuire en catimini à celle qu'il jalousait trop pour lui faciliter la tâche, tout en préservant les apparences d'un collaborateur modèle.

La jalousie au travail peut prendre des formes insidieuses de manipulation ou d'obstruction déguisées. L'objectif étant de préserver son territoire de toute incursion brillante susceptible de menacer son influence ou sa légitimité professionnelle.

Mais elle peut aussi s'avérer plus directe et frontale, lorsque c'est le succès visible de l'autre qui est insupportable en lui-même. Voyons comment l'envie viscérale des accomplissements de nos pairs peut empoisonner le climat au sein des équipes.

L'ENVIE QUI RONGE DE L'INTÉRIEUR

Rares sont ceux qui savent sincèrement se réjouir des victoires d'autrui en entreprise. Surtout lorsque soi-même piétine depuis des années au même poste. Le moindre élément de comparaison défavorable se mue alors en frustration amère contre des collègues jugés indûment chanceux ou pistonnés.

L'envie corrode et aveugle. Plutôt que de remettre en question ses propres insuffisances, on préfèrera soupçonner collusions ou passe-droits. Ces raisonnements paranoïaques permettent de sauver la face... temporairement. Car, à long terme, cette jalousie ronge de l'intérieur et biaise toute analyse objective de la situation.

De nombreuses études en psychologie sociale ont démontré à quel point l'être humain supporte mal le bonheur ou le succès d'autrui, surtout lorsqu'il contraste avec sa propre stagnation. On parle du "syndrome de Damoclès" : se savoir potentiellement remplaçable ou dépassable à tout moment, génère une terrible insécurité ontologique.

Ce phénomène est particulièrement prégnant dans la vie professionnelle, où la façade doit être préservée à tout prix. Rares sont ainsi ceux qui se réjouissent sincèrement des réussites d'un collègue, surtout s'ils piétinent depuis longtemps au même poste.

> Vincent, employé administratif quadragénaire, était venu me voir car il ruminait depuis dix ans son absence de progression hiérarchique. La moindre promotion ou marque de reconnaissance envers ses jeunes collègues tout juste diplômés le mettaient dans une rage noire. Il ressentait leur parcours comme une offense personnelle, la preuve criante de sa propre nullité.
>
> Incapable de contester les fondements objectifs de leur élévation, il se rabattait alors sur des justifications plus obscures : pistons familiaux, séductions horizontales auprès du management, voire des rituels de magie... Son imagination exacerbée par l'envie desservait son discernement, l'empêchant de se remettre en question pour progresser et pour prouver ses compétences.

Il apparaît évident ici que l'incapacité d'accepter que d'autres puissent mériter leurs succès conduit aux raisonnements les plus paranoïaques. Plutôt que de remettre en cause ses propres insuffisances, on trouve toujours des excuses externes pour justifier leur réussite.

La psychologie sociale parle à ce sujet de "focus de contrôle" (Rotter, 1966) :

- Interne, quand on attribue nos échecs et réussites à nos propres compétences ;

- Externe, quand on les attribue à des facteurs incontrôlables (chance, destinée...).

Or, de nombreuses études montrent que les personnalités jalouses ont un focus de contrôle externe très marqué. Incapables d'admettre leur part de responsabilité dans leurs trajectoires, elles préfèrent imaginer des explications mystérieuses aux succès d'autrui.

Au-delà de ce simple constat émerge un enjeu profondément humain : pourquoi tant de violence face aux réussites d'autrui ?

En réalité, ne pas supporter le succès des autres révèle une blessure narcissique que l'on tente désespérément de masquer : le sentiment de sa propre illégitimité. Se convaincre que les autres ne méritent pas leurs accomplissements, permet de sauvegarder temporairement l'image surdimensionnée que l'on a de soi-même.

Mais, derrière ce dénigrement, se dissimule une vérité douloureuse : l'incapacité d'assumer ses

propres frustrations et son sentiment d'échec personnel.

C'est ce complexe d'infériorité latent qu'il
convient de résoudre par un travail psychothéra-
peutique approfondi. Tant que l'individu n'aura pas
consolidé une estime de lui plus réaliste, en faisant
la paix avec ses limites, il demeurera prisonnier
d'une jalousie rancunière stérile. Il sera incapable
de se réjouir des marques extérieures de talent ou
de progrès symbolisant tout ce à quoi il renonce
pour lui-même.

LA JALOUSIE DANS LA FAMILLE

Bien que la jalousie soit avant tout associée aux ravages des relations amoureuses et professionnelles, ce sentiment dévorant peut aussi sournoisement gangrener l'harmonie familiale, jusque dans le cocon du foyer.

Il est fréquent que des parents, en particulier la mère, ressentent une pointe de jalousie face à l'attention portée au nouveau-né. Pendant 9 mois, la future maman a été au centre des attentions, choyée par son entourage. Mais dès la naissance, tous les regards se tournent vers le bébé, laissant la mère en retrait. Ce bouleversement soudain, associé aux difficultés physiques et émotionnelles de l'après-accouchement, peut contribuer à l'émergence du "baby blues", une forme transitoire de dépression post-natale. La mère se sent alors délaissée, moins importante aux yeux des autres, ce qui peut susciter une certaine amertume, voire une jalousie inconsciente envers ce petit être qui accapare désormais toute l'attention.

La fratrie n'est pas en reste, qu'il s'agisse de la rivalité innée entre aîné et cadet, chacun jalousant les attributs supposés de l'autre : maturité versus insouciance, indépendance versus protection.

Même entre adultes, la réussite professionnelle ou sentimentale d'un des frères et sœurs suffit à réveiller les vieux démons de la comparaison, chacun guettant chez l'autre des signes de faiblesse. Il n'y a qu'à voir ce qu'il se passe pendant les réunions de famille, les tensions qui enveniment les repas souvent alimentées par des parents qui essayent de calmer le jeu. Et je ne parle même pas des jalousies entre "pièces rajoutées", beaux-frères et belles-soeurs qui rivalisent auprès des beaux-parents pour s'en faire apprécier !

Enfin, le divorce, et les recompositions qu'il entraîne, placent souvent les enfants dans une posture délicate. Les nouveaux partenaires sont perçus avec circonspection comme des intrus, menaçant de voler l'affection exclusive du parent.

Ainsi, la jalousie familiale suit le cycle de la vie pour mieux le perturber, de la naissance à l'éclatement du premier cercle. Comprendre ses racines devient indispensable pour espérer la désarmer.

LA FRATRIE, UN NID À RIVALITÉS

L'arrivée d'un petit dernier est souvent mal vécue par l'aîné, brusquement détrôné de son statut privilégié d'enfant roi accaparant toutes les attentions.

Le psychanalyste Carl Jung estimait d'ailleurs que chaque rang dans la fratrie incarne un archétype spécifique, aux attributs parfois antagoniques. Ainsi, l'aîné endosse fréquemment le costume du responsable consciencieux quand le cadet peut cultiver insouciance et légèreté.

De tels contrastes de trajectoires alimentent bien souvent les rancoeurs tenaces. Chacun jalouse alors amèrement la place qu'il estime usurpée par les autres membres de la fratrie. Les reproches fusent à la moindre marque de favoritisme parental supposée.

Cette rivalité fraternelle peut ainsi perdurer jusqu'à l'âge adulte, ravivée par chaque écart de destinée. L'aîné frustré, le cadet favorisé, le rebelle enfin reconnu... autant de motifs de comparaisons réactivant les braises mal éteintes de la jalousie enfantine.

> C'était flagrant dans le cas d'Émilie, que j'ai reçue en consultation à l'âge adulte. Elle m'avait raconté comment, fille unique choyée pendant sept ans, elle avait très mal vécu la

venue de son petit frère Julien. Du jour au lendemain, elle n'était plus la reine de la maison. Ses parents semblaient absorbés par le bébé et ses pleurs.

Émilie avait alors régressé à un comportement de petite fille capricieuse, monopolisant l'attention de sa mère par tous les moyens. Elle allait jusqu'à refuser de boire son chocolat chaud du petit déjeuner autrement que dans un biberon. Inconsciemment, Émilie espérait qu'en s'accaparant sa mère, celle-ci se débarrasserait de cet intrus qui lui avait volé SA place privilégiée.

Les années passant, Julien est devenu le souffre-douleur d'Émilie. Elle le rabaissait sans cesse, pouvait même se montrer violente physiquement. Tout pour lui signifier son illégitimité.

A 32 ans, Émilie est toujours profondément jalouse du bonheur de son petit frère et de sa relation facile à leurs parents. Une jalousie infantile mal résolue qui a durablement pourri l'ensemble de ses relations familiales.

AU CŒUR DE L'ŒDIPE

Selon la psychanalyse freudienne, la relation fusionnelle et exclusive entre une mère et son fils serait fondatrice dans la construction psychique de ce dernier. Confronté très jeune à cet amour maternel sans partage, le petit garçon vit l'intrusion de tout tiers comme une menace insupportable sur cet attachement primaire.

Toute personne semblant capter l'attention de la mère est aussitôt perçue comme un rival honni, suscitant une profonde ambivalence. L'enfant alterne alors entre amour et haine violente envers ce parent qui l'oblige à partager cet amour exclusif.

C'est de ce déchirement œdipien précoce entre fusion et frustration que naîtrait, selon Freud, une propension durable à la jalousie. Incapable de supporter la moindre distance avec l'image maternelle, le sujet adulte reportera ce besoin affectif absolu sur ses relations amicales ou amoureuses.

Ainsi, derrière chaque crise de jalousie se rejouerait ce drame œdipien originel, où s'entrechoquent, dans le chaos de passions contraires, les amours et haines tiraillant le moi. Comprendre cette logique affective singulière offre déjà un début d'apaisement.

REMARIAGE : SOURCE DE TOURMENTS

Le divorce des parents s'accompagne souvent de la construction de nouveaux foyers. Or, l'arrivée d'un beau-parent est rarement vécue sereinement, par des enfants craignant de perdre leur place privilégiée.

Cette jalousie se cristallise surtout sur la nouvelle conjointe du père, perçue comme une marâtre menaçant de capter à son profit exclusif une attention paternelle déjà rare. Mais le beau-père essuie aussi sa part de suspicion, particulièrement lorsque la fille est proche de sa mère.

La jalousie des enfants lors du remariage de l'un de leurs parents peut aussi se focaliser sur leur nouvelle fratrie, les demi-frères et sœurs nés de cette nouvelle union. L'arrivée de ce petit rival vient en effet doublement menacer la place privilégiée du premier né. D'une part en captant, bébé vulnérable, une grande partie de l'attention et des soins du parent en question. Et, d'autre part, en symbolisant de façon très concrète le fait que ce parent reconstruit une autre cellule, avec d'autres enfants.

Là encore, pour apaiser cette jalousie fraternelle, un travail doit être fait pour rassurer l'enfant sur sa place irremplaçable au sein de la famille recomposée. Par exemple :

• Lui réserver des moments privilégiés seul à seul avec chacun de ses parents

• Favoriser les marques d'affection et déclarations rassurantes

• Expliquer qu'avoir un petit frère ou une petite sœur ne veut pas dire qu'on l'aime moins

• Valoriser son rôle de grand frère/grande sœur protecteur/protectrice

• Éviter les comparaisons entre les enfants

L'objectif est de consolider le lien exclusif tissé avec l'enfant pour désamorcer ses peurs d'abandon. Et, ainsi, prévenir des crises de jalousie ultérieures lorsqu'il sera adulte, comme nous l'avons vu précédemment. En effet, cette faille psychologique peut amener à interpréter le moindre rapprochement du conjoint avec un tiers comme le présage d'une infidélité et d'un abandon.

DUEL MÈRE-FILLE, L'ÉTERNEL FÉMININ

Une mère peut percevoir, dans les attributs de séduction émergents de sa fille adolescente, la menace d'être détrônée en tant que figure centrale de désir aux yeux du père. Sur un mode inconscient, elle serait alors en compétition avec cette dernière pour capter à nouveau l'intérêt admiratif de son conjoint.

Cette lecture très genrée des relations familiales issue de la psychanalyse fait débat. Mais de nombreux cas de jalousie féminine intergénérationnelle s'éclairent sous cet angle.

> Josée, 48 ans, est venue me consulter car sa relation avec sa fille Manon, 16 ans, s'était brutalement dégradée. En larmes, elle m'a confié : "Depuis quelques mois, je ne supporte plus de voir ma fille attirer tous les regards masculins dans la rue. L'autre jour, j'ai critiqué sa façon de s'habiller, je lui ai dit qu'elle était provocante et vulgaire. Je ne me reconnais plus. Pourquoi je réagis comme ça ?"
>
> Au fil des séances, Josée a réalisé qu'elle était profondément jalouse de la jeunesse et de la

beauté de Manon. Face au désir qu'elle susci-
tait chez les hommes, Josée avait l'impression
de devenir invisible, de perdre son pouvoir de
séduction. Inconsciemment, elle en voulait à
sa fille de lui voler la vedette, elle qui avait tant
misé sur son apparence.

En prenant conscience de ces mécanismes,
Josée a pu apaiser sa jalousie et renouer progressivement avec Manon. Elle s'est excusée
pour ses paroles blessantes et a appris à exprimer ses doutes sans agresser sa fille. Un
chemin vers une relation mère-fille assainie.

La jalousie, lorsqu'elle s'immisce dans les relations familiales, peut véritablement ébranler l'équilibre et l'harmonie du foyer. Qu'elle oppose des
frères et sœurs, qu'elle perturbe les rapports entre
beaux-parents et beaux-enfants ou qu'elle empoi-
sonne le lien mère-fille, cette émotion toxique
n'épargne aucune configuration.

Pourtant, en prenant le temps de comprendre les
racines profondes de ces manifestations, il est possible de désamorcer bien des conflits avant qu'ils ne
dégénèrent. Ainsi, la rivalité fraternelle puise
souvent sa source dans la peur de perdre l'amour et
l'attention des parents. De même, la jalousie des enfants envers un beau-parent trahit fréquemment une
angoisse de dépossession affective.

En identifiant ces mécanismes sous-jacents, on peut alors adopter les attitudes adéquates pour rassurer chacun sur sa place unique et légitime au sein de la famille. Un travail subtil sur les non-dits et les souffrances enfouies qui permet de préserver ces liens familiaux si précieux, véritables socles affectifs de nos existences.

Ainsi, face aux affreux ravages de la jalousie, le dialogue et l'empathie demeurent nos meilleurs alliés. En osant mettre des mots sur ces ressentis souvent indicibles, c'est toute l'écologie familiale que l'on protège et que l'on chérit. Pour que la jalousie ne soit plus une fatalité, mais une opportunité de renforcer nos attachements.

SORTIR DE LA SPIRALE DE LA JALOUSIE

Après avoir longuement exploré les ressorts intimes de la jalousie, il est temps à présent de nous pencher sur les stratégies permettant de juguler ce sentiment si destructeur.

En effet, il est possible de désamorcer cette bombe psychique et relationnelle ! En comprenant les racines de ses émotions, en adoptant une communication non-violente, et en cultivant une confiance en soi affranchie du regard de l'autre, chacun peut reprendre le contrôle sur ses réactions jalouses, et apaiser ce feu intérieur.

Bien entendu, il ne s'agit pas ici de prétendre éradiquer toute forme de jalousie, ce qui paraîtrait voué à l'échec. Ressentir certaines appréhensions lorsque la relation semble menacée peut même témoigner de la force de nos attachements amoureux.

Pour autant, en vous appropriant les diverses stratégies et outils présentés dans ce chapitre, vous pouvez espérer canaliser et désamorcer les manifestations problématiques de la jalousie, avant qu'elles ne vous détruisent et ne consument vos proches.

L'objectif n'est donc pas de nier ce sentiment douloureux mais de le réguler, de lui fixer des limites fermes pour qu'il cesse de parasiter insidieusement votre existence.

(RE)TROUVER L'ESTIME DE SOI

Avant de passer en revue différentes stratégies pour restaurer l'estime de soi, il convient de bien distinguer ce concept de celui de confiance en soi. Même si, dans le langage courant, ces notions semblent interchangeables, elles recouvrent des réalités psychologiques différentes.

Définissons plus précisément ces deux piliers identitaires :

L'estime de soi renvoie à l'évaluation globale, consciente ou non, que chacun fait de sa propre valeur. Plus cette jauge est positive, plus l'individu se sent légitime à occuper une place centrale auprès de ses proches.
Par exemple, on peut vivre une déception professionnelle tout en conservant une image positive de nous-mêmes dans notre essence, car ce n'est qu'un aspect partiel qui ne remet pas en cause notre valeur globale.

La confiance en soi renvoie à la croyance en sa capacité à accomplir des tâches spécifiques. Plus cette jauge d'auto-efficacité est positive, plus l'individu se sent capable de relever des défis dans un domaine donné.

Ainsi, on peut manquer de confiance pour prendre la parole en public, mais avoir une excellente estime de soi dans sa vie personnelle. La confiance en soi est donc contextualisée à des situations précises, nécessitant des compétences ou qualités particulières.

De nombreuses études ont montré que les personnalités pathologiquement jalouses présentent quasiment toutes une estime d'elles-mêmes défaillante, bien plus qu'un manque de confiance en soi (Zeigler-Hill et al., 2015). Elles doutent en permanence de leur droit à être aimées, et s'attendent à être rejetées ou trompées.

Face à cette fragilité narcissique, il est essentiel d'entreprendre un travail de fond pour restaurer une image de soi plus stable et positive. Cela passe par l'adoption de nouvelles habitudes de pensée et de comportement au quotidien. L'objectif est de transformer progressivement son regard sur soi, en cultivant la bienveillance et la reconnaissance de ses qualités uniques.

Voici plusieurs stratégies concrètes pour consolider son estime de soi :

Se féliciter chaque jour de ses progrès

Noter par écrit ses réussites, aussi minimes soient-elles, permet de contrebalancer sa tendance naturelle à l'auto-critique.

En conservant cette trace, on peut mesurer concrètement ses avancées, même modestes, plutôt que de ruminer sur ses manques.

Reformuler ses pensées négatives

Dès que survient une pensée du type "Je n'y arriverai jamais", s'entraîner à la reformuler de manière plus constructive : "Cet objectif me semble difficile pour l'instant, mais je vais y travailler progressivement."

Visualiser son ami idéal

Imaginer la façon bienveillante et confiante dont un ami proche croirait en notre valeur et nos capacités permet de calmer nos doutes viscéraux.

Pratiquer des activités valorisantes

Que ce soit la poterie, le chant ou le jardinage, développer des passions personnelles permet de cultiver le sentiment de sa propre valeur, par-delà les réussites sociales ou professionnelles.

Méditer sur ses qualités intrinsèques

Prendre 5 minutes par jour pour se reconnecter à ses forces de caractère (empathie, créativité, courage...), sans chercher à se comparer aux autres ni à se projeter dans l'avenir.

S'entourer de personnes aimantes

Passer du temps avec ceux qui nous apprécient sincèrement pour ce que nous sommes, constitue un bain relationnel qui tempère notre exigence envers nous-mêmes.

Tenir un journal de gratitude

Consigner par écrit les gestes, rencontres ou événements qui nous ont apporté de la joie permet de contrebalancer notre biais cérébral à privilégier le négatif.

Cette liste n'est pas exhaustive mais ces techniques concourent toutes à installer une saine bienveillance envers soi-même, rempart face à la jalousie.

Une fois l'estime de soi restaurée, une étape supplémentaire consiste à **cultiver l'affirmation de soi**. Il s'agit de la capacité à faire entendre ses besoins, et à dire non fermement lorsque certaines limites sont franchies, plutôt que de se complaire par peur de déplaire ou d'être abandonné. Voici quelques exemples d'exercices à pratiquer autant que possible :

Oser exprimer un désaccord

S'entraîner devant son miroir à formuler un avis contraire à celui de votre interlocuteur imaginé. Visualiser sa réaction bienveillante.

Pratiquer la méditation de pleine conscience

Prendre chaque jour 5 à 10 minutes pour se recentrer sur ses sensations et émotions présentes plutôt que de se laisser happer par les projections anxiogènes (je reparle de cette technique dans le chapitre "Sortir de la spirale de la jalousie")

Tenir un journal d'assertivité

Y noter ses petites victoires en termes d'affirmation de soi au quotidien, depuis avoir dit non à une sollicitation excessive jusqu'à oser un compliment sincère.

Tenir ce journal permet de prendre conscience et de valoriser ses progrès quotidiens en matière d'affirmation de soi.

Une fois l'estime de soi restaurée en cultivant l'acceptation de soi, la communication s'en trouve facilitée et apaisée. Les craintes qui nourrissaient la jalousie laissent place à une sécurité intérieure permettant l'écoute et le dialogue.

Voyons à présent comment mettre en pratique au sein du couple, de la famille ou autre environnement, une communication bienveillante, précieuse alliée pour désamorcer les malentendus qui attisent les soupçons.

ADOPTER UNE COMMUNICATION NON-VIOLENTE

La communication non-violente (CNV) est une méthode créée par le psychologue Marshall Rosenberg pour pacifier les échanges interpersonnels, même en cas de désaccord. Plutôt que de juger ou d'accuser l'autre, il s'agit d'exprimer de manière respectueuse ses sentiments et besoins, pour ouvrir un espace de compréhension mutuelle.

Cette approche est très utile pour désamorcer les malentendus et rétablir un climat de confiance.

Par exemple, si lors d'un repas de famille, votre mère complimente votre sœur sur son nouveau travail en lançant "Ta sœur a toujours su viser haut, elle !", vous pourriez répliquer de façon agressive :

"C'est sûr, on sait tous que je suis le raté de la famille, merci de me le rappeler !"

Avec la CNV, vous pourriez exprimer votre frustration autrement :

"Quand j'entends cet éloge, je me sens blessé et mis à l'écart. J'aimerais qu'on reconnaisse aussi mon parcours, même s'il est différent."

Au bureau, si un collègue reçoit des félicitations appuyées pour un projet, au lieu de lâcher un commentaire sarcastique du type :

"Bravo, chef, encore un coup d'éclat ! À force de cirer les pompes du boss, il va falloir racheter du cirage !"

Vous pourriez tenter une autre approche :

"Je suis vraiment impressionné par ton succès sur ce projet. J'aimerais moi aussi pouvoir démontrer mes compétences. Peut-être pourrions-nous travailler ensemble la prochaine fois ?"

En exprimant clairement son ressenti et ses aspirations, sans attaquer l'autre, on crée un espace de dialogue plus constructif. Cela permet de désamorcer les jalousies avant qu'elles ne dégénèrent en conflits ouverts.

La CNV laisse place au dialogue sans accuser l'autre, en recentrant le débat sur vos émotions propres. Mais, au-delà de cet exemple, en quoi peut-elle constituer un puissant antidote à la jalousie dans le couple ?

De nombreuses études, dont celles du psychologue John Gottman, ont montré les effets délétères de la critique et du mépris dans le dialogue conjugal. A l'inverse, l'expression du ressenti à la première personne et l'écoute empathique renforcent l'intimité.

La CNV s'inscrit dans cette approche bénéfique pour le couple. En cas de crise de jalousie, elle permet au conjoint soupçonneux d'exprimer ses craintes sans accuser l'autre, évitant ainsi de renforcer un climat délétère. Formuler à la première personne ses émotions (peur, tristesse...) responsabilise sur ses propres besoins à combler, sans projeter le problème sur l'extérieur.

Pour le/la partenaire qui fait face aux attaques d'un·e jaloux·se, la CNV l'invite à une écoute empathique sans se justifier, et à exprimer à son tour son ressenti. Par exemple :

« Je comprends que tu te sois senti seul et abandonné ce soir. Moi je me sens blessée quand tu doutes de ma parole, j'ai besoin de plus de considération. »

Ainsi, en désamorçant les spirales d'accusations et en restaurant l'écoute bienveillante, la CNV tempère les rapports de force et rééquilibre les besoins de chacun.

GUÉRIR EN PROFONDEUR

Au-delà des outils de communication présentés précédemment, il peut être pertinent de s'engager dans un travail thérapeutique plus profond lorsque la jalousie s'enracine dans des traumatismes importants.

Les approches sont multiples, même si toutes visent, *in fine,* à retravailler l'amour de soi pour désamorcer les projections anxieuses sur l'autre :

La psychanalyse : Cette discipline considère, comme nous l'avons vu dans les chapitres précédents, que nos tourments psychiques actuels plongent leurs racines dans notre petite enfance. Des traumatismes ou conflits non résolus à ce stade imprègnent notre inconscient, et resurgissent à l'âge adulte sous forme de névroses.

La psychanalyse vise justement à reconnecter le sujet à ces nœuds historiques par un travail au long cours d'exploration des strates de l'inconscient. Grâce à l'association libre lors de séances régulières, le patient apprend à verbaliser ses rêves, fantasmes, souvenirs refoulés, guidé par l'écoute sans jugement du psychanalyste.

Petit à petit, la personne consciente renoue ainsi avec des vérités ou blessures enfouies, qui agissent néanmoins toujours dans le présent via des symptômes comme la jalousie obsédante. En rendant conscientes ces motivations inconscientes et en les recontextualisant, leur emprise se trouve désamorcée.

C'est pourquoi la psychanalyse est pertinente pour traiter en profondeur les racines de la jalousie, sans se contenter de panser les crises visibles en surface. Ses effets sont durables car émancipateurs.

La psychothérapie humaniste : centrée sur l'écoute bienveillante, elle restaure l'empathie envers soi-même et autrui. Elle permet aussi de cultiver la joie désintéressée devant le bonheur d'autrui plutôt que la jalousie.

> Je me souviens de Célia, une patiente d'une trentaine d'année, rongée depuis toujours par un sentiment de n'être pas à la hauteur, et de ne pas mériter qu'on l'aime. Elle était venue me consulter car sa jalousie maladive était en train de détruire sa relation avec Fabio, son compagnon depuis trois ans.

Célia était obsédée à l'idée que Fabio la trompait dès qu'il rentrait cinq minutes en retard, ou qu'il parlait avec une fille. Elle vérifiait frénétiquement ses mails, sms, allant même jusqu'à fouiller son ordinateur personnel lorsqu'il avait le dos tourné. Chaque dispute finissait en crise de larmes incontrôlable quand elle l'accusait de probable infidélité.

J'ai utilisé avec Célia une approche humaniste basée sur l'empathie, la bienveillance et l'authenticité, pour l'aider à renouer avec elle-même. Au fil des séances, elle a progressivement réalisé combien ses soupçons traduisaient avant tout son manque d'estime personnelle.

En revisitant des souvenirs douloureux de son enfance, puis en les reformulant de manière plus aimante, Célia a appris petit à petit à s'apprécier telle qu'elle était, à accepter d'être simplement humaine, avec ses failles. Sa jalousie envers Fabio s'est alors largement apaisée, et ils ont pu rebâtir une relation de confiance.

La thérapie cognitivo-comportementale (TCC) : vise à identifier et modifier les schémas de pensées et comportements négatifs automatiques à l'origine des souffrances. Elle permet de casser le cercle vicieux des scénarios catastrophes jaloux.

La TCC propose généralement des grilles d'auto-analyse pour aider le patient à prendre conscience puis à modifier ses schémas de pensées négatifs récurrents.

Voici un tableau inspiré des outils de la thérapie cognitivo-comportementale, ciblé sur les spirales émotionnelles et relationnelles générées par la jalousie. J'en ai rempli les 3 premières lignes avec des exemples entendus en séances, pour illustrer le principe. A vous de poursuivre l'analyse avec vos propres situations vécues (ça marche pour toutes les émotions négatives, pas seulement pour la jalousie) :

Situation	Pensées automatiques	Émotions
Mon conjoint rentre tard du travail	Il me trompe avec sa collègue	Colère, peur de l'abandon
Ma sœur annonce sa grossesse	Mes parents vont moins s'intéresser à moi et à mes enfants désormais	Tristesse, jalousie
Mon ami proche se marie	Il va moins avoir le temps de me voir ou de voyager avec moi	Frustration, envie

Comporte-ments	Remise en question	Nouvelles pensées/actions
Je l'inonde de reproches	J'ai des preuves concrètes d'infidélité, ou bien je projette mes insécurités ?	J'exprime mon besoin de réassurance, mais sans l'accuser
J'évite les réunions de famille	Suis-je rationnelle? Mes parents ont assez d'amour pour tous leurs petits-enfants	Je me réjouis pour ma sœur et mes parents en appelant ma mère
Je fais des remarques cyniques sur le mariage	Son bonheur n'enlève rien au mien. Nos chemins différents peuvent se croiser par moments	Je lui propose un dîner pour célébrer son mariage

L'intérêt est d'apprendre à décortiquer situation par situation ce qui Active nos Scénarios Catastrophes Automatiques (les ASCA). Puis de réaliser qu'il existe d'autres Grilles de Lecture Rationnelles des événements (les GLR) nous permettant de cultiver une saine estime de nous.

Cet outil parmi d'autres montre comment la TCC aide à désarmer nos démons intérieurs, dont la jalousie, pour retrouver sérénité.

L'EMDR : méthode de stimulation oculaire qui désensibilise aux souvenirs traumatisants en les "reprogrammant". Utile pour dépasser un choc ayant déclenché la jalousie, tel un adultère avéré.

La sophrologie : méthode psycho-corporelle visant à agir sur le mental par le corps et la respiration. Pratiquée en séances ou en exercices quotidiens, elle permet de réguler ses émotions et de lâcher prise avec ses tensions.

Cet outil est très utile face à la jalousie, pour désamorcer la montée de la colère ou de l'anxiété. Par exemple, en cas de crise imminente face à un mot ambigu du conjoint, on peut pratiquer l'exercice du "Lâcher Prise" :

1. S'installer confortablement

2. Adopter une respiration profonde par le ventre, en pleine conscience

3. Tout au long de la respiration, imaginer un lieu apaisant (plage, forêt...)

4. Au fil des expirations, se répéter mentalement la formule "Je laisse aller cette tension"

5. Se recentrer pleinement sur les sensations de détente qui émergent dans le corps

6. Ensuite, étirer doucement chaque partie du corps pour évacuer toute tension résiduelle

7. Terminer par un rituel de clôture (taper dans ses mains par exemple) marquant la fin de l'exercice

La combinaison de ces étapes respiratoires, mentales et corporelles permet de lâcher prise en profondeur avec ce qui nous habite négativement.

Le psychodrame : par le jeu de rôle, explore les émotions refoulées qui agissent en coulisses. Permet de mettre en lumière les peurs primales activées par la jalousie.

La pleine conscience : de nombreuses études scientifiques ont démontré les effets bénéfiques de la méditation de pleine conscience, que ce soit la réduction du stress, de l'anxiété, ou une meilleure connexion avec soi-même et les autres.

Cet entraînement à se centrer sur l'instant présent permet également de lâcher prise avec les scénarios catastrophe que notre mental jaloux s'amuse à nourrir de façon obsessionnelle. En ramenant en douceur notre attention sur notre respiration, nos sensations corporelles, nos émotions fugaces, la pleine conscience désamorce les projections anxiogènes vers un avenir fantasmé.

Une séance type de méditation en pleine conscience peut se dérouler ainsi. Elle comporte des points communs avec la sophrologie vue précédemment (respiration, ancrage corporel), mais se concentre davantage sur l'observation des pensées plus que sur la mobilisation physique :

1. Installez-vous confortablement, yeux fermés ou mi-clos

2. Portez votre attention à la sensation de l'air entrant et sortant de vos narines

3. Quand votre esprit s'échappe en pensées intrusives, formulez mentalement "je pense", et revenez à votre respiration

4. Après quelques minutes, élargissez votre attention à l'ensemble de votre corps en contact avec le siège, et à ses tensions

5. Puis observez vos émotions telles qu'elles naissent, grandissent et disparaissent sans juger

6. Terminez en ouvrant doucement les yeux avec un sentiment de calme et de connexion au moment présent.

Chaque méthode présente ses spécificités mais aucune n'est universelle. Le principal est de trouver celle dans laquelle on se sent en confiance, et d'y investir le temps nécessaire.

LE PARDON, LIBÉRATEUR ET RE-CONSTRUCTEUR

Une fois que le travail d'acceptation de soi et de l'autre touchera à sa fin, une ultime étape peut s'avérer libératrice : celle du pardon.

Pardonner à son partenaire de nous avoir peut-être effectivement trahis ou déçus à certains moments, causant alors de profondes blessures. Se pardonner aussi de s'être laissé dominer par ce sentiments si destructeur qu'est la jalousie, au risque d'anéantir l'autre et le couple dans des reproches excessifs.

Le pardon n'est pas l'oubli, il ne s'agit pas de faire table rase du passé ou de minimiser les fautes commises. Mais de les replacer dans le contexte d'une histoire commune imparfaite, qui méritait néanmoins d'être vécue.

Le pardon consiste d'abord à faire preuve d'indulgence envers soi-même : reconnaître que l'on a pu se laisser déborder par des émotions violentes issues de blessures antérieures, sans pour autant s'en vouloir éternellement.

Il s'agit aussi d'accepter avec compassion les erreurs de l'autre, qui a pu effectivement nous tromper ou nous négliger sous le poids de ses propres fragilités, de ses peurs ou insatisfactions conjugales.

Dans les deux cas, pardonner signifie comprendre dans une forme d'empathie élargie à la condition humaine. Personne n'est parfait, nous naviguons toutes et tous à vue dans les eaux tumultueuses des sentiments.

Une fois ce pardon intérieur mûri de part et d'autre, celui-ci peut alors se formuler verbalement, ainsi libérant définitivement des rancoeurs qui auraient sinon pourri jusqu'aux fondations un lien désormais apaisé.

Bien sûr, cheminer vers le pardon est un travail exigeant, qui ne s'improvise pas juste après une ultime crise. Il faut laisser le temps apaiser les colères, résorber les rancœurs.

Mais quand vient le moment propice, formuler ses pardons libère définitivement des chaines étouffantes de la rancoeur pour envisager l'avenir sous un jour nouveau. Il ne s'agit pas d'oublier le passé douloureux, mais de le dépasser.

Ainsi, après être passé par les indispensables étapes de reconstruction narcissique personnelle et de pacification de la communication dans le couple, accorder son pardon, et demander celui de l'être aimé, scelle une forme de reconnaissance mutuelle.

Celle de n'être que des êtres imparfaitement humains, mais qui auront su traverser les tempêtes de la jalousie pour se retrouver, plus forts désormais face aux turbulence émotionnelles de l'existence.

CONCLUSION

De Shakespeare à Proust, en passant par Duras et Truffaut, la jalousie a fasciné de nombreux artistes. Elle est au cœur d'œuvres aussi diverses que l'opéra de Mozart "Così fan tutte", le sulfureux roman de Nabokov "Lolita" ou encore le thriller hitchcockien "Vertigo". Preuve s'il en est que cette émotion universelle résonne profondément en chacun de nous.

Mais au-delà de son pouvoir dramatique, la jalousie peut aussi revêtir une dimension plus constructive. Selon certains psychanalystes, elle serait même un moteur puissant pour sortir de la dépression. En projetant nos pulsions libidinales sur un objet externe - l'être jalousé - nous échapperions temporairement à la mélancolie et à la douleur qu'elle anime. La jalousie agirait alors comme un électrochoc, nous poussant à nous dépasser pour reconquérir l'autre.

Mais gare à ne pas tomber dans l'excès ! Comme nous l'avons vu tout au long de cet ouvrage, lorsqu'elle devient envahissante, la jalousie détruit bien plus qu'elle ne stimule. Obsessions, crises de rage, manipulations, repli sur soi... Elle n'est plus alors cette "preuve d'amour" glamourisée par la culture, mais un véritable poison pour soi et pour les autres.

C'est pourquoi j'ai voulu vous donner, à travers ces pages, des clés pour apprivoiser ce sentiment si complexe. En comprenant ses racines, qu'elles soient psychologiques, relationnelles ou issues de traumatismes passés, on peut progressivement le désamorcer. Les stratégies concrètes explorées ici - de la communication non violente à la pleine conscience, en passant par le renforcement de l'estime de soi - sont autant d'outils pour reprendre le contrôle et instaurer des relations plus sereines.

Bien sûr, ce travail est exigeant. Il suppose de plonger en soi-même avec honnêteté, de modifier certaines attitudes profondément ancrées. Mais croyez-en mon expérience de thérapeute, cette quête de liberté affective et d'harmonie relationnelle en vaut la peine ! Vous pouvez transformer vos élans jaloux en une formidable opportunité de croissance personnelle. Et si le chemin vous semble ardu, n'oubliez pas que des professionnels bienveillants sont là pour vous épauler.

Alors, oserez-vous à votre tour dompter la bête immonde ? Comme le proclamait Aragon, "il n'y a pas d'amour heureux", certes. Mais il y a des amours vivants, courageux, transformateurs. Des amours où la jalousie, apprivoisée, se fait le sel piquant de la passion, et non plus son douloureux poison.

BIBLIOGRAPHIE

Bowlby, J. (1978). *Attachement et perte.* Vol. 1 : L'attachement. PUF.

Buss, D.M. et al. (1992). *Sex differences in jealousy: evolution, physiology, and psychology.* Psychological Science, 3, 251-255.

Freud, S. (1921). *Psychologie collective et analyse du moi.* Payot.

Gottman, J.M. (2015). *The Seven Principles for Making Marriage Work.* Harmony.

Green A. (1990). *La Folie Privée.* Psychanalyse des cas-limites. Gallimard.

Harter, S. (1999). *The Construction of the Self: A Developmental Perspective.* Guilford Press.

Lacan, J. (1966). *Écrits.* Seuil.

Rosenberg, M.B. (2016). *Les mots sont des fenêtres (ou des murs).* La découverte.

Rotter, J. B. (1966). *Generalized expectancies of internal versus external control of reinforcements.* Psychological Monographs, 80, 1-28.

Sulloway F.J. (1996). *Born to Rebel: Birth Order, Family Dynamics, and Creative Lives.* Pantheon Books.

Winnicott, D.W. (1958). *L'enfant et sa famille : les premières relations.* Payot.

Zeigler-Hill, V. et al. (2015). *The Dark Triad and jealousy: Machiavellianism, psychopathy, and everyday sadism.* Personality and Individual Differences, 74, 85-89.

A propos de l'auteur :

Véronique Lopez est diplômée en psychologie et psycho-physiologie. Elle a aussi suivi des formations de psychanalyse et de psychothérapie qu'elle exerce dans ses cabinets parisiens et en ligne.

Elle est spécialisée dans les troubles de l'humeur et de la personnalité, les difficultés relationnelles, et les problèmes liés au manque de confiance en soi.

Forte de sa longue expérience de thérapeute, elle a publié plusieurs articles et livres, accessibles à tous, sur la psychologie des couleurs, et sur des problématiques psychologiques telles que la chérophobie, le narcissisme, l'asexualité, etc.